名詞(1)

1 （　）内から最も適する語を選び，記号を○で囲みなさい。　(4点×3)

(1) I read the news on the （ ア music　イ bag　ウ internet ）.

(2) My favorite （ ア coffee　イ color　ウ animal ） is pink.

(3) This （ ア game　イ tennis　ウ shirt ） is small for me.

2 次の英語の意味として適するものを下から選び，記号で答えなさい。　(4点×6)

(1) letter 　（　　）　(2) people 　（　　）　(3) dog 　（　　）

(4) city 　（　　）　(5) picture 　（　　）　(6) name 　（　　）

ア	手紙, 文字	イ	都市, 市	ウ	名前
エ	人々	オ	犬	カ	写真, 絵

3 日本語の意味を表す英語を書きなさい。与えられた文字で始めること。　(5点×8)

(1) いす 　　　（ c 　　　　）　(2) 電車 　　　（ t 　　　　）

(3) コップ 　　（ g 　　　　）　(4) えんぴつ 　（ p 　　　　）

(5) コンピューター （ c 　　　　）　(6) スポーツ 　（ s 　　　　）

(7) 公園 　　　（ p 　　　　）　(8) 海 　　　　（ s 　　　　）

4 日本文に合うように，（　）に適する語を入れなさい。　(6点×4)

(1) これは私の父の**カップ**です。

This is my father's （　　　　　）.

(2) 私は新しい**カメラ**がほしい。

I want a new （　　　　　）.

(3) この**本**はおもしろい。

This （　　　　　） is interesting.

(4) 私のかばんの中には**ノート**が入っています。

I have a （　　　　　） in my bag.

....

得点UP
2 (4) city の複数形（語尾に s または es をつけた形）は cities となる。
3 (3)複数形で「**めがね**」という意味も表す。

START ●—● 　　　　　　　　　　　　　　　　　　　　　　　　　　　　　　　　　　　　　GOAL

名詞(2)

1 日本文に合うように，（ ）に適する語を入れなさい。 (4点×3)

(1) あの**女性**を見て。 Look at that （ ）.

(2) 私の母は**医師**です。 My mother is a （ ）.

 (3) 犬が好きな**人**もいます。 Some （ ） like dogs.

2 次の英語の意味として適するものを下から選び，記号で答えなさい。 (5点×6)

(1) brother （ ） (2) teacher （ ） (3) bike （ ）

(4) member （ ） (5) desk （ ） (6) music （ ）

> ア 兄, 弟　イ 一員　ウ 先生, 教師
> エ 自転車　オ 音楽　カ 机

3 日本語の意味を表す英語を書きなさい。与えられた文字で始めること。 (5点×8)

(1) 友達 （ f ） (2) サッカー （ s ）

(3) テニス （ t ） (4) 試合 （ g ）

(5) 少年 （ b ） (6) 少女 （ g ）

(7) かばん （ b ） (8) 生徒, 学生 （ s ）

4 （ ）に最も適する語を選び，記号を○で囲みなさい。 (6点×3)

(1) Hello, everyone. My （ ） is Lisa Brown.

　　ア sea　　　　イ book　　　　ウ name

(2) Tokyo is a big （ ）. It has a lot of tall buildings.

　　ア park　　　　イ train　　　　ウ city

(3) A : What's your favorite （ ）, Ken?

　　B : Baseball.

　　ア child　　　　イ sport　　　　ウ glass

得点UP

1 (3) some は「何人かの」という意味。ここでは「中には〜もいる」という意味で使われている。

4 (3) What is[What's] 〜? は「〜は何ですか」とたずねる文。favorite は「いちばん好きな」という意味。

名詞(3)

1 日本文に合うように，（　）に適する語を入れなさい。　(4点×3)

(1) 私は**ピアノ**がひけます。　　I can play the (　　　　　).

(2) 私は新しい**ギター**がほしい。　I want a new (　　　　　).

(3) **公園**に行こう。　　　　　Let's go to the (　　　　　).

2 次の英語の意味として適するものを下から選び，記号で答えなさい。　(4点×6)

(1) rice　(　)　(2) breakfast (　)　(3) sister (　)

(4) woman (　)　(5) man　(　)　(6) cat (　)

> ア　男性，男の人　イ　姉，妹　ウ　米，ご飯
> エ　女性，女の人　オ　ネコ　カ　朝食

3 日本語の意味を表す英語を書きなさい。与えられた文字で始めること。　(5点×8)

(1) 授業　　(c　　　　　)　(2) 英語　　(E　　　　　)

(3) 学校　　(s　　　　　)　(4) 歌　　　(s　　　　　)

(5) 看護師　(n　　　　　)　(6) 図書館　(l　　　　　)

(7) チーム　(t　　　　　)　(8) 宿題　　(h　　　　　)

4 （　）に最も適する語を選び，記号を○で囲みなさい。　(6点×4)

(1) Tom is a (　) of the soccer team.　He's a good player.
　　ア　brother　　イ　member　　ウ　name

(2) I like baseball.　I sometimes watch baseball (　) on TV.
　　ア　games　　イ　buses　　ウ　glasses

(3) Look at this (　).　This girl is my friend.
　　ア　pencil　　イ　picture　　ウ　camera

(4) I like (　).　I often play the violin.
　　ア　sports　　イ　music　　ウ　books

得点UP
1 (1)「(楽器を)演奏する」というときは，〈play the ＋**楽器名**〉の形で表す。
3 (1)「(学校の)組，**クラス**」という意味でも使う。

代名詞(1)・疑問詞

月　　日
点

合格点：**80** 点／100 点

1 次の代名詞を所有格(「～の」の形)に書きかえなさい。 (5点×4)

(1) you 　　（　　　　　　） 　　(2) she 　　（　　　　　　）

(3) he 　　（　　　　　　） 　　(4) I 　　（　　　　　　）

2 会話が完成するように，（　　）に適する語を入れなさい。 (6点×4)

(1) （　　　　　　） is your birthday? — It's July 24.

(2) （　　　　　　） is your English teacher? — Ms. Brown is.

(3) （　　　　　　） is your favorite sport? — Soccer is.

(4) （　　　　　　） is the station? — It's over there.

3 日本文に合うように，（　　）に適する語を入れなさい。 (6点×6)

(1) **あれは**何ですか。 　　　　　　　　　What is （　　　　　　）?

(2) **それは**バスです。〔(1)の答え〕 　　　（　　　　　　） is a bus.

(3) **これは**ジムのかばんです。 　　　　　（　　　　　　） is Jim's bag.

(4) **こちらは**私の母です。 　　　　　　　（　　　　　　） is my mother.

(5) **あなたは**学生です。 　　　　　　　　（　　　　　　） are a student.

(6) **私は**リンゴが好きです。 　　　　　　（　　　　　　） like apples.

4 （　　）に最も適する語を選び，記号を○で囲みなさい。 (5点×4)

(1) Look at that woman. （　　） is our music teacher.

　　　ア　He 　　　　　イ　She 　　　　　ウ　This

(2) I know that boy. （　　） name is Mike.

　　　ア　His 　　　　　イ　Her 　　　　　ウ　It

(3) I have a cat. （　　） is very cute.

　　　ア　I 　　　　　イ　You 　　　　　ウ　It

(4) I have a brother. （　　） is in Canada now.

　　　ア　He 　　　　　イ　She 　　　　　ウ　It

得点UP

2 答えの文から適切な疑問詞を入れる。(1)は**時**，(2)は**人**，(3)は**もの**，(4)は**場所**をたずねている。

4 (3) **have** の基本の意味は「**持っている**」だが，この have は「**飼っている**」という意味。

基本レベル英単語

動詞(1)

1 （　　）に適する語を下から選んで入れなさい。　　　(6点×5)

(1) I (　　　　　　　) in Osaka.　　（私は大阪に住んでいます。）

(2) I (　　　　　　　) a computer.　（私はコンピューターを持っています。）

(3) I (　　　　　　　) cats.　　　　（私はネコが好きです。）

(4) I (　　　　　　　) English.　　（私は英語を勉強します。）

(5) I (　　　　　　　) to school with Ken.　（私は健と学校へ行きます。）

[go　　have　　like　　live　　study]

2 日本文に合うように，（　　）に適する語を入れなさい。　(7点×6)

(1) 歌を**歌いましょう**。　　　　Let's (　　　　　　　) a song.

(2) あなたは英語を**話します**か。Do you (　　　　　　　) English?

(3) 私はテレビを**見ます**。　　　I (　　　　　　　) TV.

(4) あなたはテニスを**します**。　You (　　　　　　　) tennis.

(5) 私は自転車で学校に**来ます**。I (　　　　　　　) to school by bike.

(6) 私は音楽を**聞きます**。　　　I (　　　　　　　) to music.

3 （　　）に最も適する語を選び，記号を○で囲みなさい。　(7点×4)

(1) I (　　) that woman.　She's our new teacher.

　　ア run　　　　　イ know　　　　ウ go

(2) My brother and I (　　) our homework together.

　　ア swim　　　　イ do　　　　　ウ study

(3) I often (　　) the newspaper after dinner.

　　ア read　　　　イ help　　　　ウ teach

(4) A : Sam, do you (　　) some coffee?

　　B : Yes, please.

　　ア live　　　　イ play　　　　ウ want

得点UP　❷ (3)「テレビ(番組)を見る」というときには，TV の前に a や the はつかない。
　　　　(4)「(楽器を)演奏する」という場合にも，この動詞を使う。

形容詞・副詞(1)

月　　日

点

合格点：**80** 点／100点

① （　）内から最も適する語を選び，記号を○で囲みなさい。 (4点×3)

(1) Do you see（ ア a　イ any　ウ not ）flowers?

(2) This book is（ ア well　イ many　ウ very ）interesting.

(3) Do you have（ ア every　イ any　ウ much ）questions?

② 次の英語の意味として適するものを下から選び，記号で答えなさい。 (5点×8)

(1) often 　（　） (2) usually（　） (3) interesting （　）

(4) good 　（　） (5) cute 　（　） (6) now 　　　（　）

(7) favorite （　） (8) right 　（　）

> ア　かわいらしい　　　イ　正しい，右の　　ウ　しばしば，よく
> エ　お気に入りの，いちばん好きな　　　　オ　よい，じょうずな
> カ　おもしろい，興味深い　キ　今(は)　　ク　ふつう，たいてい

③ 日本語の意味を表す英語を書きなさい。与えられた文字で始めること。 (6点×4)

(1) 大きい 　　　（ b 　　　　） (2) 小さい 　　（ s 　　　　）

(3) 古い，年上の （ o 　　　　） (4) 新しい 　　（ n 　　　　）

④ 日本文に合うように，（　）に適する語を入れなさい。 (6点×4)

(1) 私は英語が**大好き**です。

I **like** English（　　　　　）（　　　　　）.

(2) 由美は**じょうずに**英語を話します。

Yumi speaks English（　　　　　）.

(3) 私のかばんの中に**何枚かの**写真が入っています。

I have（　　　　　）pictures in my bag.

(4) 私には兄弟は**1人もいません**。

I **don't** have（　　　　　）brothers.

得点UP

②　(8) right はこのほかに「右(に)」という意味でも使う。「左(に)」は left。

④　(4)否定文では「少しの～も，何も，だれも(…ない)」，疑問文では「いくつかの，何人かの」という意味で使う。

熟語(1)・会話表現（あいさつなど）

1 次の英文の意味として適するものを下から選び，記号で答えなさい。　(6点×4)

(1) Have a nice day. （　　）　　(2) Goodbye. （　　）

(3) Excuse me. （　　）　　(4) Good morning. （　　）

［ **ア** さようなら。　**イ** おはよう。　**ウ** すみません。　**エ** よい1日を。］

2 次の英文に対する応答として適するものを下から選び，記号で答えなさい。
同じ記号は2度使えません。　(6点×4)

(1) Thank you. （　　）　　(2) Nice to meet you. （　　）

(3) How are you? （　　）　　(4) I'm sorry. （　　）

［ **ア** You're welcome.　**イ** Fine, thank you.
　ウ That's all right.　**エ** Nice to meet you, too. ］

3 日本語に合うように，（　　）に適する語を入れなさい。　(7点×4)

(1) **毎日**英語を勉強する　　study English （　　　　　　　　） **day**

(2) **放課後**テニスをする　　play tennis （　　　　　　　　） **school**

(3) **音楽を聞く**　　**listen** （　　　　　　　） music

(4) **テレビで映画を見る**　　watch a movie （　　　　　　） **TV**

4 （　　）に最も適する語を選び，記号を○で囲みなさい。　(6点×4)

(1) Please help me （　　） my homework. It's too difficult.
　　ア to　　　　　**イ** with　　　　　**ウ** of

(2) I have a new computer. I like it very （　　）.
　　ア well　　　　**イ** right　　　　**ウ** much

(3) I want a （　　） of tea.
　　ア cup　　　　**イ** card　　　　**ウ** cap

(4) Goodbye, Kim. （　　） you tomorrow.
　　ア Come　　　**イ** Walk　　　**ウ** See

得点UP

1 (3)知らない人に話しかけるときや人に軽くぶつかって**謝る**ときなどに使う。

2 (2)**初対面**の人に対するあいさつ。「**はじめまして**」という意味。

名詞(4)

月　日

点

合格点：80 点／100 点

1 日本文に合うように，（　）に適する語を入れなさい。　(4点×3)

(1) 私の姉は**看護師**です。　My sister is a (　　　　　).

(2) **水泳**は楽しい。　（　　　　　） is fun.

(3) **頭上**に注意。　Watch your (　　　　　).

2 次の英語の意味として適するものを下から選び，記号で答えなさい。　(5点×8)

(1) door　　（　　）　　(2) fruit　　（　　）

(3) fan　　（　　）　　(4) Japan　　（　　）

(5) baseball　（　　）　　(6) lunch　　（　　）

(7) sea　　（　　）　　(8) home　　（　　）

```
ア　家，家庭　　イ　日本　　ウ　ファン　　エ　海
オ　戸，ドア　　カ　昼食　　キ　野球　　ク　果物
```

3 日本語の意味を表す英語を書きなさい。与えられた文字で始めること。　(6点×5)

(1) 父　　（ f　　　　） 　(2) 母　　（ m　　　　）

(3) 兄，弟　（ b　　　　） 　(4) 姉，妹　（ s　　　　）

(5) 家族　（ f　　　　）

4 （　）に最も適する語を選び，記号を○で囲みなさい。　(6点×3)

(1) I usually have rice for (　　).

ア breakfast　イ class　　ウ game

(2) We live in that (　　).

ア house　　イ sport　　ウ dinner

(3) A : Does Emi walk to school?

B : No. She takes the (　　) to school.

ア computer　イ bus　　ウ camera

3 (3)(4)英語ではふつう，特に年齢の上下の区別はせず，「兄と弟」も「姉と妹」も同じ語で表す。

4 (1) have は「持っている」のほか，「食べる，飲む」という意味でも使われる。

得点UP

基本レベル英単語

月　　日

名詞(5)

点

合格点: **80** 点 / 100 点

1 日本文に合うように，（　　）に適する語を入れなさい。　(4点×3)

(1) 私はバレーボールが好きです。 I like （　　　　　）.

(2) 私は**午後**にテニスをします。 I play tennis in the （　　　　　）.

(3) 浅草は東京の**東部**にあります。

Asakusa is in the （　　　　　） of Tokyo.

2 次の英語の意味として適するものを下から選び，記号で答えなさい。　(5点×6)

(1) aunt （　　） (2) day （　　） (3) country （　　）

(4) ball （　　） (5) child （　　） (6) room （　　）

```
ア　国　　　イ　ボール　　ウ　日，1日
エ　おば　　オ　部屋　　　カ　子ども
```

3 日本語の意味を表す英語を書きなさい。与えられた文字で始めること。　(5点×8)

(1) 時間, 時 （ t 　　　　） (2) 朝, 午前 （ m 　　　　）

(3) 消しゴム （ e 　　　　） (4) 日本語 （ J 　　　　）

(5) 辞書 （ d 　　　　） (6) おじ （ u 　　　　）

(7) 動物 （ a 　　　　） (8) 手紙, 文字 （ l 　　　　）

4 （　　）に最も適する語を選び，記号を○で囲みなさい。　(6点×3)

(1) I don't like soccer. I'm a basketball （　　）.

　　　ア　people　　　イ　home　　　ウ　fan

(2) I usually have （　　） at the school cafeteria.

　　　ア　morning　　　イ　class　　　ウ　lunch

(3) A : What's your favorite （　　）, Kathy?

　　　B : I like oranges.

　　　ア　sport　　　イ　fruit　　　ウ　book

得点UP

1 (2)「午前中に」は in the morning，「夕方に」は in the evening。

3 (4)形容詞として「日本の，日本人の，日本語の」という意味もある。

まとめテスト(1)

月　日

点

合格点：**80**点／100点

1 次の英語の意味として適するものを下から選び，記号で答えなさい。　(4点×8)

(1) park　（　　）　(2) friend　（　　）　(3) student　（　　）

(4) school　（　　）　(5) good　（　　）　(6) interesting　（　　）

(7) east　（　　）　(8) morning　（　　）

| ア　興味深い　イ　公園　ウ　よい，じょうずな　エ　友達 |
| オ　朝，午前　カ　学校　キ　生徒，学生　ク　東，東部 |

2 次の語と反対または対になる英語を書きなさい。与えられた文字で始めること。
(5点×6)

(1) mother　（f　　　　）　(2) sister　（b　　　　）

(3) new　（o　　　　）　(4) small　（b　　　　）

(5) girl　（b　　　　）　(6) go　（c　　　　）

3 日本文に合うように，（　　）に適する語を入れなさい。　(5点×4)

(1) どうもありがとう。　（　　　　　　）you very（　　　　　　）.

(2) テニスをしましょう。　Let's（　　　　　　）tennis.

(3) あなたはテレビでサッカーの試合を見ますか。

Do you（　　　　　　）（　　　　　　）games on TV?

(4) 私は毎日，英語を勉強します。I（　　　　　　）（　　　　　　）every day.

4 （　　）に最も適する語を選び，記号を○で囲みなさい。　(6点×3)

(1) A：Do you play any（　　　）, David?

B：Yes, I do.　I'm on the basketball team.

ア　food　　　イ　sports　　　ウ　pencils

(2) Ken likes music.　He often（　　　）to the radio.

ア　writes　　　イ　reads　　　ウ　listens

(3) I like swimming.　I sometimes（　　　）to the pool.

ア　go　　　イ　have　　　ウ　want

名詞(6)

1 （　）内から最も適する語を選び，記号を○で囲みなさい。　(4点×3)

(1) Look at that girl. She is my （ ア father　イ son　ウ daughter ）.

(2) They are in the cooking （ ア bike　イ club　ウ color ）.

(3) I have good （ ア news　イ night　ウ people ） for you.

2 次の英語の意味として適するものを下から選び，記号で答えなさい。　(5点×8)

(1) grandfather （　） (2) grandmother （　）

(3) present （　） (4) textbook （　）

(5) tree （　） (6) dinner （　）

(7) dance （　） (8) family （　）

ア　教科書	イ　踊り	ウ　祖父	エ　家族
オ　贈り物	カ　木	キ　祖母	ク　夕食

3 日本語の意味を表す英語を書きなさい。与えられた文字で始めること。　(5点×6)

(1) 単語 （ w　　　　） ✐(2) カード （ c　　　　）

(3) 教室 （ c　　　　） (4) 食べ物 （ f　　　　）

(5) 窓 （ w　　　　） (6) テーブル （ t　　　　）

4 日本文に合うように，（　）に適する語を入れなさい。　(6点×3)

✐(1) 私はコップ１杯の**水**がほしい。

I want a glass of （　　　　　）.

(2) **箱**の中には何が入っていますか。

What's in the （　　　　　）?

(3) **駅**で３時に会いましょう。— わかりました。じゃあ，そのときに。

Let's meet at the （　　　　　） at 3:00.

— OK. See you then.

得点UP

3 (2)「カード」のほかに，「**はがき**」という意味もある。複数形だと「**トランプ**」という意味になる。

4 (1) a glass of 〜 で「**コップ１杯の〜**」という意味。

基本レベル英単語

名詞(7)

1 日本文に合うように，(　)に適する語を入れなさい。　(4点×3)

(1) 私は**サンドイッチ**が好きです。　I like (　　　　　).

(2) **かさ**を持っていきなさい。　Take your (　　　　　) with you.

(3) 私は**中学生**です。

I'm a (　　　　　) (　　　　　) (　　　　　) student.

2 次の英語の意味として適するものを下から選び，記号で答えなさい。　(5点×6)

(1) birthday (　) 　(2) cap (　) 　(3) subject (　)

(4) newspaper (　) 　(5) tea (　) 　(6) bird (　)

```
ア 鳥      イ 誕生日              ウ 茶，紅茶
エ 新聞    オ （ふちのない）ぼうし    カ 教科，科目
```

3 日本語の意味を表す英語を書きなさい。与えられた文字で始めること。　(5点×8)

(1) 部屋 (r　　　　) 　(2) 年，1年 (y　　　　)

(3) 日，1日 (d　　　　) 　(4) パーティー (p　　　　)

(5) ギター (g　　　　) 　(6) 日本 (J　　　　)

(7) 木曜日 (T　　　　) 　(8) ボール (b　　　　)

4 (　)に最も適する語を選び，記号を○で囲みなさい。　(6点×3)

(1) I like animals very much. I often go to the (　).

ア school 　イ kitchen 　ウ zoo

(2) OK, class. Open your (　) to page 10.

ア box 　イ textbook 　ウ homework

(3) A : Do you have any pets, Lisa?

B : Yes, I do. I have a (　).

ア dog 　イ brother 　ウ notebook

得点UP

1 (1)その種類全体をさして「〜が好き」というとき，数えられる名詞のときは**複数形**にする。

3 (6)(7)国名，曜日や月名は**大文字**で書き始める。

代名詞(2)

月　　日

点

合格点：**80** 点／100 点

1 次の代名詞を目的格(「～を，～に」の形)に書きかえなさい。　(5点×6)

(1) I （　　　　　）　(2) you （　　　　　）　(3) she （　　　　　）

(4) it （　　　　　）　(5) we （　　　　　）　(6) they （　　　　　）

2 日本文に合うように，（　　）に適する語を下から選んで入れなさい。　(6点×7)

(1) **あれらは**何ですか。　　　　　　　What are （　　　　　）?

(2) (**それらは**)鳥です。〔(1)の答え〕　（　　　　　） are birds.

(3) **私たちの**学校にようこそ。　　　　Welcome to （　　　　　） school.

(4) **だれか**がここに住んでいます。　（　　　　　） lives here.

(5) **みんな**トムが好きです。　　　　（　　　　　） likes Tom.

(6) **これら**は私のまんが本です。　　（　　　　　） are my comics.

(7) **あなたたちは**生徒ですか。　　　Are （　　　　　） students?

> everyone　　our　　someone　　these
> they　　you　　those

3 （　　）に最も適する語を選び，記号を○で囲みなさい。　(7点×4)

(1) A : Rika, do you know Mr. Brown?

　　B : Yes, I know （　　） well.

　　　ア　him　　　　　イ　it　　　　　ウ　them

(2) Kenji has two sisters. （　　） names are Miho and Chika.

　　　ア　His　　　　　イ　Their　　　　ウ　Its

(3) Listen to （　　） carefully, everyone.

　　　ア　I　　　　　　イ　my　　　　　ウ　me

(4) Mike and I are in the same class. （　　） are good friends.

　　　ア　We　　　　　イ　You　　　　　ウ　They

得点UP　**2** (7) you は 1 人(単数)の相手・2 人以上(複数)の相手のどちらもさす代名詞。
　　　　3 (2) has は have の 3 人称単数現在形。

動詞(2)

1 （　　）に適する語を下から選んで入れなさい。**必要ならば適する形にかえること。**
(6点×5)

(1) Mr. Oka （　　　　　　） Japanese.　（岡先生は国語を教えています。）

(2) Bob （　　　　　　） the guitar.　（ボブはギターをひきます。）

(3) I often （　　　　　　） in the park.　（私はよく公園で走ります。）

(4) Please （　　　　　　） the door.　（ドアを開けてください。）

(5) I （　　　　　） milk every morning.（私は毎朝牛乳を飲みます。）

[run　drink　play　teach　open]

2 日本文に合うように，（　　）に適する語を入れなさい。
(7点×6)

(1) **立ちなさい。** （　　　　　　　） **up.**

(2) **すわりなさい。** （　　　　　　　） **down.**

(3) 私を**手伝って**ください。 Please （　　　　　） me.

(4) 私のペンを**使って**ください。 （　　　　　　） my pen, please.

(5) この絵を**見な**さい。 （　　　　　） **at** this picture.

(6) ここにあなたの名前を**書き**なさい。 （　　　　　） your name here.

3 （　　）に最も適する語を選び，記号を○で囲みなさい。
(7点×4)

(1) My sister is in Canada.　She （　　） English there.

　　ア wants　　　イ watches　　　ウ studies

(2) Kate usually （　　） dinner on Saturdays.

　　ア hears　　　イ reads　　　ウ cooks

(3) Can you （　　） any stars in the sky?

　　ア see　　　イ have　　　ウ walk

(4) A : What do you （　　） on Sundays?

　　B : I usually go shopping.

　　ア make　　　イ do　　　ウ get

得点UP

2 (6)文字や文を「書く」ことを表す。絵を「かく」というときは paint や draw を使う。

3 (3)「(自然と)見える」という意味。「(注意して)見る」というときは watch を使う。

基本レベル英単語

形容詞・副詞(2)

月　　日

点

合格点：**80** 点／100 点

❶ （　　）に適する語を下から選んで入れなさい。　　　　　　　　　(4点×3)

(1) This cake is （　　　　　　　　）.　　　　（このケーキはとてもおいしいです。）

(2) Who is your （　　　　　　　　） player?　（お気に入りの選手はだれですか。）

(3) I'm very （　　　　　　） now.　　　　（私は今，とても眠いです。）

[favorite　　sleepy　　delicious]

❷ 次の英語の意味として適するものを下から選び，記号で答えなさい。　(5点×8)

(1) sometimes （　　） (2) there （　　） (3) many （　　）

(4) all （　　） (5) today （　　） (6) famous （　　）

(7) free （　　） (8) hot （　　）

```
ア  すべての      イ  多数の，たくさんの    ウ  有名な
エ  熱い，暑い    オ  今日(は)              カ  自由な，ひまな
キ  ときどき      ク  そこに，そこで
```

❸ 日本語の意味を表す英語を書きなさい。与えられた文字で始めること。　(6点×4)

(1) よい　　　（ g　　　　　　） 🖉(2) 長い　　　　（ l　　　　　　　）

(3) 忙しい　（ b　　　　　　）　　(4) ここに，ここで（ h　　　　　　）

❹ 日本文に合うように，（　　）に適する語を入れなさい。　　　(6点×4)

🖉(1) ハンバーガーを2つ**お願いします**。

Two hamburgers, （　　　　　　）.

(2) メアリーはピアノをひきます。彼女はギター**も**ひきます。

Mary plays the piano. She plays the guitar, （　　　　　　）.

(3) ベン**は速く**走ります。

Ben runs （　　　　　　）.

(4) 久美はいつも**熱心に**英語を勉強します。

Kumi always studies English （　　　　　　）.

🖉
得点UP

❸ (2)「ものの長さが長い」のほかに，「**時間が長い**」「**距離などが長い**」という場合にも使う。

❹ (1)店で**注文**するときに使う表現。人にものを頼むときなどに使う。

熟語(2)・会話表現(依頼・許可など)

合格点：**80**点／100点

❶ 会話が完成するように，（　　）に適する語を入れなさい。　　　　(6点×6)

(1) A :（　　　　　）（　　　　　　　）help me?　（手伝ってくれますか。）

   B : Of（　　　　　）.　　　　　　　（もちろんです。）

(2) A :（　　　　　）（　　　　　　　）use this pen?　（このペンを使っても
いいですか。）

   B : Sure.（　　　　　）you（　　　　　）.　（いいですよ。はい，どうぞ。）

(3) A : I like cats.（　　　　）（　　　　　　）you?

   　　　　　　　　　　　（私はネコが好きです。あなたはどうですか。）

   B :（　　　　　），（　　　　　）.　　　（私もです。）

❷ 日本文に合うように，（　　）に適する語を入れなさい。　　　(6点×6)

(1) 私は**朝**早く走ります。　I run early（　　　　　　）**the morning.**

(2) 私はふつう6時に**帰宅します**。　I usually **get**（　　　　　）at six.

(3) **向こうにいる**少年はだれですか。　Who's the boy（　　　　　）**there?**

(4) 私は10時に**寝ます**。　I **go to**（　　　　　）at ten.

(5) 私の**写真をとって**ください。　Please（　　　　）**a picture** of me.

(6) 私の家に**ようこそ**。　**Welcome**（　　　　　）my house.

❸ （　　）に最も適する語を選び，記号を○で囲みなさい。　　　(7点×4)

(1) My father（　　）up at 6:30 every morning.

   ア　goes　　　　イ　works　　　　ウ　gets

(2) Paul has a（　　）of T-shirts.

   ア　many　　　　イ　much　　　　ウ　lot

✐(3) How（　　）brothers do you have? ― I have two.

   ア　many　　　　イ　much　　　　ウ　lot

✐(4) （　　）at the sky! The stars are beautiful.

   ア　Look　　　　イ　See　　　　ウ　Watch

❸ (3)「何人いますか」「いくつありますか」と数をたずねるときの表現。あとに**複数名詞**が続くことにも注意。
(4)「**(見ようとして)見る，目を向ける**」という意味。

得点UP

名詞(8)／数(1)

1 日本文に合うように，（　　）に適する語を入れなさい。　(4点×3)

(1) 私はラジオをよく聞きます。　I often listen to the （　　　　　）.

(2) 歌うことはとても楽しいです。　Singing is a lot of （　　　　　）.

(3) 私は新しいセーターがほしいです。　I want a new （　　　　　）.

2 次の英語の意味として適するものを下から選び，記号で答えなさい。　(5点×8)

(1) high school （　　）　　　　(2) phone （　　）

(3) boat （　　）　　　　　　　(4) singer （　　）

(5) question （　　）　　　　　(6) ticket （　　）

(7) concert （　　）　　　(8) foot （　　）

```
┌ ア　船, ボート　　イ　足　　　ウ　質問　　　　エ　歌手 ┐
└ オ　高校　　　　　カ　切符　　キ　コンサート　ク　電話 ┘
```

3 次の数を英語で書きなさい。　(5点×6)

(1) 1 （　　　　　）　　　　(2) 2 （　　　　　）

(3) 3 （　　　　　）　　　　(4) 4 （　　　　　）

(5) 5 （　　　　　）　　　　(6) 6 （　　　　　）

4 （　　）に最も適する語を選び，記号を○で囲みなさい。　(6点×3)

(1) My father often reads the （　　） before breakfast.

　　ア CD　　　　　イ station　　　ウ newspaper

(2) Emma's favorite （　　） is science.

　　ア internet　　　イ subject　　　ウ food

(3) A : It's very hot in this room. Please open the （　　）.

　　B : OK.

　　ア window　　　イ building　　　ウ time

得点UP

2 (8)複数形は feet となる。

4 (3)「暑いです。」や「〜時です。」など，寒暖や時刻などを表す文の主語には it を使う。

名詞(9)／数(2)

月 日 点

合格点: 80点／100点

1 ( )に適する語を下から選んで入れなさい。 (4点×3)

(1) Our school has a ( ). （私たちの学校には制服があります。）

(2) Look at the picture on the ( ). （壁にかかった絵を見て。）

(3) Let's go to the ( ). （コンサートに行きましょう。）

[concert uniform wall]

2 次の英語の意味として適するものを下から選び，記号で答えなさい。 (5点×8)

(1) eraser ( ) (2) song ( )

(3) hand ( ) (4) store ( )

(5) egg ( ) (6) science ( )

(7) zero ( ) (8) cake ( )

[ア 手 イ ケーキ ウ 0（の） エ 卵
オ 歌 カ 店 キ 科学, 理科 ク 消しゴム]

3 次の数を英語で書きなさい。 (5点×6)

(1) 7 ( ) (2) 8 ( )

(3) 9 ( ) (4) 10 ( )

(5) 11 ( ) (6) 12 ( )

4 日本文に合うように, ( )に適する語を入れなさい。数字も英語で書くこと。 (6点×3)

(1) 純は何歳ですか。― 彼は13歳です。

How old is Jun? ― He's ( ) years old.

(2) 今日は5時間授業があります。

We have ( ) classes today.

(3) ブラウンさんは車を2台持っています。

Mr. Brown has ( ) cars.

得点UP
1 (3) Let's ~. は「～しましょう」という意味で，誘うときの表現。
4 (1) How old ~? は年齢やものの古さをたずねる表現。～ year(s) old は「～歳」という意味。

基本レベル英単語

動詞(3)

月　　日

点

合格点：**80**点／100点

1 （　　）に適する語を下から選んで入れなさい。必要ならば適する形にかえること。

(6点×7)

(1) Rie （　　　　　） curry for lunch. （理絵は昼食にカレーを食べます。）

(2) Let's （　　　　　） a bus. （バスに乗りましょう。）

(3) My school （　　　　　） at eight. （私の学校は8時に始まります。）

(4) Can you （　　　　　） any birds? （鳥は見えますか。）

(5) I （　　　　　） tennis after school. （私は放課後テニスを練習します。）

(6) He （　　　　　） dinner every day. （彼は毎日夕食を作ります。）

(7) Let's （　　　　　） at two. （2時に会いましょう。）

[begin　　cook　　have　　meet　　practice　　see　　take]

2 日本文に合うように，（　　）に適する語を入れなさい。

(6点×5)

(1) 熱心に**働き**なさい。　　　　（　　　　　　） hard.

(2) 私たちは彼を**知っています**。　We （　　　　　） him.

(3) 手を**洗い**なさい。　　　　　（　　　　　　） your hands.

(4) 私はメールを**送る**ことができます。I can （　　　　　） e-mails.

(5) 健はネコを**飼っています**か。　Does Ken （　　　　　） a cat?

3 （　　）に最も適する語を選び，記号を○で囲みなさい。

(7点×4)

(1) Sam, please （　　） me with my homework.

ア make　　　　イ use　　　　ウ help

(2) Ms. Ito usually （　　） to school by bus.

ア comes　　　イ takes　　　ウ walks

(3) Nick studies Japanese, so he can （　　） *kanji* very well.

ア play　　　　イ speak　　　ウ write

(4) Mr. Wilson （　　） Japanese food.

ア lives　　　　イ likes　　　ウ looks

得点UP

2 (1)「働く」のほかに，「(機械などが)動く」という意味でも使う。

3 (3) so は「それで，だから」という意味で，理由と結果を結ぶ働きをする。

START ○━━○━━━━○━━━━━●　　　　　　　　　　GOAL

形容詞・副詞(3)

月　　　日

点

合格点：**80**点／100点

1 日本文に合うように，（　）に適する語を入れなさい。　(4点×3)

(1) 私は**のどがかわい**ています。 I'm（　　　　　）.

(2) 健は**しばしば**公園を走ります。 Ken（　　　　　）runs in the park.

(3) 健康に**注意し**なさい。　　　 Be（　　　　　）about your health.

2 次の英語の意味として適するものを下から選び，記号で答えなさい。　(5点×6)

(1) happy （　） (2) great （　） (3) large （　）

(4) kind （　） (5) always （　） (6) Japanese （　）

```
ア 大きい，広い    イ 幸せな，うれしい    ウ 日本の
エ 親切な          オ 偉大な，すごい      カ いつも
```

3 日本語の意味を表す英語を書きなさい。与えられた文字で始めること。　(5点×6)

(1) 美しい　　（b　　　　　） (2) 人気のある（p　　　　　）

(3) 空腹の　　（h　　　　　） (4) (背が)高い（t　　　　　）

(5) 難しい　　（d　　　　　） (6) 簡単な　　（e　　　　　）

4 （　）に最も適する語を選び，記号を○で囲みなさい。　(7点×4)

(1) I usually read books in my（　）time.

　　ア small　　　　イ old　　　　ウ free

(2) A : Meg, can you help me?

　　B : I'm sorry. I'm（　）now.

　　ア easy　　　　イ busy　　　　ウ fine

(3) Mr. Smith is a（　）singer. Everyone knows him.

　　ア famous　　　イ glad　　　　ウ ready

(4) A : A cola, please.

　　B : Large or（　）?

　　ア new　　　　イ small　　　　ウ good

得点UP

2 (4)名詞で「**種類**」という意味もある。

4 (2)**Can you ～?** は「～してくれませんか」と人にものを頼むときに使う表現。

START ○──○──○ GOAL

数(3)

1 （　　）内から最も適する語を選び，記号を○で囲みなさい。　　(4点×3)

(1) 彼女は**17**歳です。　　She is（ ア seven　イ seventeen ）.

(2) このペンは**60**円です。　This pen is（ ア sixty　イ sixteen ）yen.

(3) 私は花を**19**本持っています。

I have（ ア nineteen　イ nine ）flowers.

2 次の英語の意味として適するものを下から選び，記号で答えなさい。　(5点×6)

(1) twelve　　（　　）　　　(2) thousand　（　　）

(3) fourteen　（　　）　　　(4) twenty　　（　　）

(5) hundred　（　　）　　　(6) sixteen　　（　　）

[ア 12　イ 14　ウ 16　エ 20　オ 100　カ 1000]

3 次の数を英語で書きなさい。　　(5点×6)

(1) 30　　（　　　　　　　）　　(2) 40　　（　　　　　　　）

(3) 15　　（　　　　　　　）　　(4) 50　　（　　　　　　　）

(5) 18　　（　　　　　　　）　　(6) 90　　（　　　　　　　）

4 日本文に合うように，（　　）に適する語を入れなさい。**数字も英語で書くこと。**　(7点×4)

✐(1) 私たちの学校は創立**70**年です。

Our school is（　　　　　　　）years old.

✐(2) 私の祖母は**81**歳です。

My grandmother is（　　　　　　　）years old.

(3) これはいくらですか。―**2000**円です。

How much is this? ― It's（　　　　　）（　　　　　　）yen.

(4) あなたの電話**番号**は何番ですか。

What is your phone（　　　　　）?

得点UP

4 (1)「私たちの学校は**70**歳です」と考える。
(2)「80」と「1」を表す数を**ハイフン**(-)でつないで表す。

まとめテスト(2)

1 次の英語の意味として適するものを下から選び，記号で答えなさい。　(4点×8)

(1) use （　） (2) station （　） (3) year （　）

(4) always （　） (5) sometimes （　） (6) long （　）

(7) tall （　） (8) popular （　）

> ア　いつも　　イ　年，1年　　ウ　長い　　エ　人気のある
> オ　使う　　　カ　ときどき　キ　駅　　　ク　（背が）高い

2 日本語の意味を表す英語を書きなさい。与えられた文字で始めること。　(4点×6)

(1) 手 （ h　　　　　） (2) 鳥 （ b　　　　　）

(3) 3 （ t　　　　　） (4) 8 （ e　　　　　）

(5) 開ける （ o　　　　　） (6) 幸せな （ h　　　　　）

3 日本文に合うように，（　　）に適する語を入れなさい。　(5点×4)

(1) あの男の人を見てごらん。　　Look （　　　　　） that man.

(2) あなたは学校へ歩いて行きますか。　Do you （　　　　　） to school?

(3) あなたはどうですか。　　How （　　　　　） you?

(4) 私は7時に起きます。　　I （　　　　　） up at seven.

4 （　　）に最も適する語を選び，記号を○で囲みなさい。　(6点×4)

(1) Don't （　） pictures here.

　　ア　play　　　　イ　take　　　ウ　help

(2) Ms. Ito is our science teacher. We like （　） very much.

　　ア　him　　　　イ　her　　　ウ　them

(3) I usually （　） some water before breakfast.

　　ア　cook　　　　イ　wash　　　ウ　drink

(4) How （　） classes do you have today?

　　ア　much　　　　イ　many　　　ウ　often

重要レベル英単語

名詞(10)

月　日

点

合格点：**80** 点／100 点

1 （　）内から最も適する語を選び，記号を○で囲みなさい。　(4点×3)

(1) I'm hungry. Let's go to that（ ア movie　イ restaurant　ウ egg ）.

(2) I often talk with my grandparents on the（ ア letter　イ news　ウ telephone ）.

(3) What's the（ ア day　イ week　ウ date ）today?
　　─ It's August 25.

2 次の英語の意味として適するものを右から選び，記号で答えなさい。　(5点×7)

(1) building （　　）　(2) math　　（　　）

(3) week　　（　　）　(4) umbrella （　　）

(5) hotel　　（　　）　(6) kitchen　（　　）

(7) night　　（　　）

ア　かさ	イ　数学
ウ　台所	エ　建物
オ　夜	カ　週
キ　ホテル	

3 次の曜日名を英語で書きなさい。　(5点×7)

(1) 日曜日 （　　　　　　　　）　(2) 月曜日 （　　　　　　　　）

(3) 火曜日 （　　　　　　　　）　(4) 水曜日 （　　　　　　　　）

(5) 木曜日 （　　　　　　　　）　(6) 金曜日 （　　　　　　　　）

(7) 土曜日 （　　　　　　　　）

4 日本文に合うように，（　）に適する語を入れなさい。　(6点×3)

(1) あなたの**誕生日**はいつですか。─9月22日です。
　　When is your（　　　　　　　）? ─ It's September 22.

(2) 毎年多くの**人々**がロンドンを訪れます。
　　A lot of（　　　　　　　）visit London every year.

(3) 今日は**何曜日**ですか。
　　（　　　　　　）（　　　　　　　）is it today?

得点UP

3 曜日名は必ず**大文字**で書き始める。

4 (3)曜日をたずねるときの決まった表現。**1** (3)の日付をたずねるときの表現と区別しておく。

名詞(11)

1 日本文に合うように，（ ）に適する語を入れなさい。 (4点×3)

(1) あなたの**夢**は何ですか。 What's your （ ）?

(2) あなたはこの**歌**を知っていますか。 Do you know this （ ）?

(3) **お茶**はいりますか。 Do you want some （ ）?

2 次の英語の意味として適するものを下から選び，記号で答えなさい。 (5点×8)

(1) parent （ ） (2) street （ ） (3) jacket （ ）

(4) river （ ） (5) French （ ） (6) month （ ）

(7) house （ ） (8) milk （ ）

```
┌ ア フランス語  イ 家    ウ （暦の）月   エ 親 ┐
└ オ 通り，道   カ 上着   キ 牛乳     ク 川 ┘
```

3 日本語の意味を表す英語を書きなさい。与えられた文字で始めること。 (5点×6)

(1) 世界 （ w ） (2) コンピューター （ c ）

(3) 木 （ t ） (4) 子ども （ c ）

(5) 中国 （ C ） (6) 週 （ w ）

4 （ ）に最も適する語を選び，記号を○で囲みなさい。 (6点×3)

(1) *A*：Bob, it's raining. Take your （ ） with you.

   B：OK.

   ア homework   イ umbrella   ウ dictionary

(2) *A*：Where is Dad?

   B：He's cooking in the （ ）.

   ア kitchen   イ breakfast   ウ night

(3) I have a （ ） for the rock concert.

   ア ball   イ ticket   ウ telephone

得点UP
3 (4)複数形は children。
4 (1)この take は「持っていく」という意味。

動詞⑷

1 （　　）に適する語を下から選んで入れなさい。　　　　　　　　　　（6点×5）

(1) （　　　　　　　） this question.　　　（この質問に答えなさい。）

(2) Let's （　　　　　　　） with him.　　（彼と話しましょう。）

(3) I （　　　　　　） my room every day. （私は毎日, 部屋をそうじします。）

🖊(4) Can you （　　　　　　） me?　　　　（私の言うことが聞こえますか。）

(5) I often （　　　　　　） cookies.　　（私はよくクッキーを作ります。）

　　　　　[answer　clean　hear　make　talk]

2 日本文に合うように, （　　）に適する語を入れなさい。　　　　　　（7点×6）

(1) どこでペンが**買え**ますか。　Where can I （　　　　　） a pen?

(2) 私はときどき奈良を**訪れ**ます。I sometimes （　　　　　） Nara.

(3) 彼女は車を**運転しません**。　She doesn't （　　　　　） a car.

(4) この箱を**運んで**ください。　Please （　　　　　） this box.

(5) 私はよく海で**泳ぎ**ます。　　I often （　　　　　） in the sea.

(6) 私は8時に学校へ**出発します**。I （　　　　　） for school at 8:00.

3 （　　）に最も適する語を選び, 記号を○で囲みなさい。　　　　　　（7点×4）

(1) My grandpa lives in Chiba. I sometimes （　　） pictures to him.

　　ア　see　　　　　イ　come　　　　ウ　send

(2) Our school （　　） at 8:30.

　　ア　begins　　　　イ　gets　　　　ウ　teaches

🖊(3) Ken is on the soccer team. He （　　） hard every day.

　　ア　helps　　　　イ　practices　　　ウ　goes

(4) I （　　） a new computer for my birthday.

　　ア　play　　　　イ　stand　　　　ウ　want

・・

🖊
得点UP

1 ⑷「(自然に)〜が聞こえる」という場合に使う。聞こうとして「聞く」という場合は listen。
3 ⑶ is on the 〜 team は「〜部に入っている」という意味。team はふつう運動系の部活に使う。

重要レベル英単語

形容詞・副詞(4)

1 ( )に適する語を下から選んで入れなさい。 (4点×3)

(1) This question is not ( ). （この問題は簡単ではありません。）

(2) How are you today? ― I'm ( ).

（今日はお元気ですか。― 私は元気です。）

(3) Dinner is ( ). （夕食の準備ができました。）

[easy　ready　fine]

2 次の英語の意味として適するものを下から選び，記号で答えなさい。 (5点×8)

(1) careful ( )　(2) late ( )　(3) first ( )

(4) quickly ( )　(5) short ( )　(6) different ( )

(7) tired ( )　(8) really ( )

ア	異なった，いろいろな	イ	短い	ウ	すばやく
エ	最初の，初めての	オ	注意深い	カ	遅い，遅く
キ	ほんとうに	ク	疲れた		

3 日本語の意味を表す英語を書きなさい。与えられた文字で始めること。 (5点×6)

(1) 高い （h ）　(2) 寒い，冷たい （c ）

(3) 再び （a ）　(4) 次の （n ）

(5) 大切な （i ）　(6) 若い （y ）

4 日本文に合うように，( )に適する語を入れなさい。 (6点×3)

(1) 私はただ1冊だけしか辞書を持っていません。

I have ( ) one dictionary.

(2) 私は毎朝犬を散歩させます。

I walk my dog ( ) morning.

(3) 私の母は朝早く起きます。

My mother gets up ( ) in the morning.

得点UP

3 (1)山などが「高い」という場合に使う。人の身長やタワーなどが「高い」という場合には **tall** を使う。

4 (3)「(時刻や時期などが)早く」という場合に使う。「(スピードが)速く」という場合は **fast** を使う。

重要レベル英単語

名詞⑿

月　日

点

合格点：80点／100点

1 （　　）内から最も適する語を選び，記号を○で囲みなさい。 (4点×3)

(1) Nick can speak two （ ア languages　イ dictionaries　ウ countries ）, English and Japanese.

(2) （ ア October　イ Wednesday　ウ February ） comes after January.

(3) The library is on the （ ア morning　イ corner　ウ book ）.

2 次の英語の意味として適するものを下から選び，記号で答えなさい。 (5点×8)

(1) idea 　　（　　） (2) May 　　（　　） (3) June 　　（　　）

(4) restaurant （　　） (5) board 　（　　） (6) beach 　（　　）

(7) head 　　（　　） (8) minute 　（　　）

ア　5月	イ　頭	ウ　6月
エ　(時間の)分	オ　考え	カ　浜辺
キ　板, 黒板	ク　レストラン	

3 次の月名を英語で書きなさい。 (5点×6)

(1) 3月 （　　　　　　） (2) 8月 （　　　　　　）

(3) 9月 （　　　　　　） (4) 10月 （　　　　　　）

(5) 11月 （　　　　　　） (6) 12月 （　　　　　　）

4 日本文に合うように，（　　）に適する語を入れなさい。 (6点×3)

(1) 日本ではふつう学校は**4月**から始まります。

In Japan, school usually starts in （　　　　　）.

(2) 私たちは**7月**によく泳ぎに行きます。

We often go swimming in （　　　　　）.

(3) 今日は**何日**ですか。

What's the （　　　　　） today?

得点UP

3 月名はすべて**大文字**で書き始める。

4 ⑶**日付**をたずねる文。日付は〈**It's** +月+日.〉の形で答える。

重要レベル英単語

名詞⑬／数⑷

月　　日

点

合格点：**80** 点／100 点

1 （　　）内から最も適する語を選び，記号を○で囲みなさい。　　　(4点×3)

(1) Mike works as a （ ア board　イ volunteer　ウ minute ） in India.

(2) It's seven in the （ ア evening　イ clock　ウ week ）.　It's dinner time.

(3) （ ア Saturday　イ Monday　ウ Wednesday ） is between Friday and Sunday.

2 次の英語の意味として適するものを下から選び，記号で答えなさい。　　(5点×8)

(1) sixth　　　（　　） (2) eleventh （　　） (3) twentieth （　　）

(4) fifteenth （　　） (5) tenth　　（　　） (6) holiday　（　　）

(7) lesson　（　　） (8) town　　（　　）

> ア　祝日，祭日　イ　課，授業　　ウ　町　　　　エ　10番目(の)
> オ　6番目(の)　カ　11番目(の)　キ　15番目(の)　ク　20番目(の)

3 次の順序を表す語（序数）を英語で書きなさい。　　　(5点×6)

(1) 1番目(の) （　　　　　　） (2) 2番目(の) （　　　　　　）

(3) 3番目(の) （　　　　　　） (4) 5番目(の) （　　　　　　）

(5) 8番目(の) （　　　　　　） (6) 9番目(の) （　　　　　　）

4 日本文に合うように，（　　）に適する語を入れなさい。　　　(6点×3)

(1) 4月は1年の**4番目の**月です。

　　April is （　　　　　　） （　　　　　　） month of the year.

(2) 今日は**2月12日**です。〔日にちは英語に直すこと〕

　　It's （　　　　　　） （　　　　　　） today.

(3) 私の誕生日は**10月7日**です。〔日にちは英語に直すこと〕

　　My birthday is （　　　　　　） （　　　　　　）.

得点UP

4 (2)日付など，**時を表す文**では，主語によく **it** を使う。

(2)(3)日付は〈**月＋日**〉の順で表す。日にちはふつう数字で書くが，読むときは**序数**(順序を表す語)で読む。

1 （　　）に適する語を右から選んで入れなさい。同じ語は２度使えません。(3点×5)

(1) I usually have rice (　　　　　　) breakfast.

(2) I sometimes go shopping (　　　　　　) my brother.

(3) I'm Tanaka Eri. I'm (　　　　) Japan.

(4) Tom does his homework (　　　　　) dinner.

(5) My house is (　　　　　) the park.

```
after
for
from
near
with
```

2 日本文に合うように，（　　）に適する語を入れなさい。　(6点×6)

(1) 私の本は机の**上に**あります。 My book is (　　　　　) the desk.

(2) 私は自転車**で**登校します。　I come to school (　　　　) bike.

(3) それは私の家族**の**写真です。 It's a picture (　　　　　) my family.

(4) 私のネコは机の**下に**います。 My cat is (　　　　　) the desk.

(5) それは魚**についての**本です。　It's a book (　　　　) fish.

(6) 里香**と**私は同じクラスです。

Rika (　　　　) I are in the same class.

3 （　　）の中から最も適する語を選び，記号を○で囲みなさい。　(7点×7)

(1) This book is very interesting (ア on　イ at　ウ to) me.

(2) I always go to the park (ア on　イ in　ウ at) Sundays.

(3) We're going to Hawaii (ア at　イ in　ウ with) summer.

(4) Paul is standing (ア by　イ after　ウ into) the window.

(5) Which do you want, milk (ア so　イ or　ウ but) juice?

(6) I like animals, (ア so　イ and　ウ but) I don't have a pet.

(7) I'm hungry, (ア so　イ or　ウ but) I want some food.

得点UP

2 (2)**交通手段**を表す前置詞を入れる。この場合，乗り物を表す名詞の前に **a** や **the** はつかない。

3 (6)前の文と**反対の内容**や**対照的なこと**を言うときに使う接続詞。

代名詞(3)

1 次の代名詞を所有代名詞（1語で「〜のもの」を表す形）に書きかえなさい。(6点×5)

(1) you (　　　　) (2) we (　　　　　) (3) I (　　　　　)

(4) he (　　　　) (5) they (　　　　　)

2 日本文に合うように，（　　）に適する語を下から選んで入れなさい。 (7点×6)

(1) 生徒たちは**全員**スポーツが大好きです。

(　　　　　　　) of the students like sports very much.

(2) このラケットは**彼女の**です。　This racket is (　　　　　).

(3) 彼は手に**何か**を持っています。He has (　　　　　) in his hand.

(4) 私たちは**お互い**を助け合います。We help **each** (　　　　　).

(5) 彼らのうちの**何人か**はテニスができます。

(　　　　　　　) of them can play tennis.

(6) ケイトは**私の友達**です。　　Kate is **a friend of** (　　　　　).

[some　　hers　　mine　　other　　something　　all]

3 （　　）に最も適する語を選び，記号を◯で囲みなさい。 (7点×4)

(1) *A :* I don't like this jacket.

B : OK.　How about this (　　)?

ア one　　　　イ it　　　　　ウ some

(2) Sam's racket is old, but (　　) is new.

ア your　　　　イ you　　　　ウ yours

(3) Jim has two dogs.　He often goes to the park with (　　).

ア they　　　　イ their　　　　ウ them

(4) This is a present for (　　) mother.

ア we　　　　イ our　　　　ウ ours

得点UP

2 (2) This is **her** racket. としてもほぼ同じ内容を表せる。

3 (2) 〈人名＋ 's〉は「〜の」という意味で所有を表したり，1語で「〜のもの」という意味も表したりする。

重要レベル英単語

動詞(5)

月　　日

点

合格点：**80** 点／100 点

1 ( )に適する語を下から選んで入れなさい。　　　　　(6点×5)

(1) Let's ( ) him.　　　　　(彼にたずねましょう。)

(2) I ( ) to school at eight.　(私は8時に学校に着きます。)

(3) Please ( ) the window.　(窓を閉めてください。)

(4) They ( ) at the bookstore.(彼らは書店で働いています。)

(5) I ( ) your help.　　　　(私はあなたの助けが必要です。)

[close　ask　get　need　work]

2 日本文に合うように, ( )に適する語を入れなさい。　(7点×6)

(1) 私に**電話して**ください。　Please ( ) me.

(2) もう1度**言いなさい**。　( ) that again.

(3) あの店では魚を**売っています**。They ( ) fish at that shop.

(4) 私はときどき彼を**訪ねます**。I sometimes ( ) him.

(5) 彼は公園までバスに**乗ります**。He ( ) a bus to the park.

(6) 私は毎日宿題を**します**。　I ( ) my homework every day.

3 ( )に最も適する語を選び, 記号を○で囲みなさい。　(7点×4)

(1) Ms. Adams can ( ) a bus.

ア walk　　　イ drive　　　ウ speak

(2) My mother often ( ) cookies for me.

ア makes　　イ washes　　ウ drinks

(3) This question is difficult, so I can't ( ) it.

ア answer　　イ talk　　　ウ lend

(4) Shinji, ( ) up and read this page.

ア write　　　イ hear　　　ウ stand

得点UP

1 (3)似た意味の語に shut があるが, shut のほうがぴったり閉める動作が強調される。反対の意味の語は open。

2 (3)この they は, 店で働く「**人々**」のこと。日本語に訳さないことが多い。

重要レベル英単語

熟語(3)・会話表現（電話・体調など）

月　日

点

合格点：**80** 点／100 点

1 次の英文の意味として適するものを下から選び，記号で答えなさい。　(5点×4)

(1) What's up?　　　（　　）　　(2) Hello. This is Ken.　（　　）

(3) That's too bad.（　　）　　(4) Can I speak to Ken?　（　　）

> ア　それはお気の毒です。　　　イ　健と話せますか。
> ウ　どうしたのですか。　　　　エ　もしもし。健です。

2 次の英文に対する応答として適するものを下から選び，記号で答えなさい。(6点×4)

(1) What time is it?　（　　）　　(2) What day is it today?（　　）

(3) How old are you?　（　　）　　(4) What's the date today?（　　）

［ア　I'm ten.　イ　It's Thursday.　ウ　It's July 9.　エ　It's ten.］

3 日本文に合うように，（　　）に適する語を入れなさい。　(7点×5)

(1) **例えば，** 私は犬が好きです。（　　　　　　　　　） **example,** I like dogs.

(2) **だいじょうぶですか。**　　　Are you all（　　　　　　）?

(3) 私は**熱があります。**　　　I（　　　　　　） **a fever.**

(4) 私たちは彼女**を待っています。** We are **waiting**（　　　　　　） her.

(5) 彼はドア**の前に**立っています。

He's standing **in**（　　　　　　） **of** the door.

4 （　　）に最も適する語を選び，記号を○で囲みなさい。　(7点×3)

(1) This town is（　　） for its beautiful river.

　　ア　happy　　　イ　famous　　　ウ　interesting

(2) What's（　　）? ─ I feel sick.

　　ア　today　　　イ　wrong　　　ウ　problem

(3) （電話で）This is Kim. Is Tina there? ─（　　）. Hi, Kim.

　　ア　Speaking　　イ　Saying　　ウ　Listening

得点UP

1 (2)(4)電話で使われる決まった表現。

3 (1)例をあげるときに使う表現。example は「例，見本」という意味。

名詞⑭

月　　日

点

合格点：**80**点／100点

1 日本文に合うように，（　）に適する語を入れなさい。　(4点×3)

(1) よい旅を！　　　　　　　Have a nice (　　　　　)!

(2) 私は歌手になりたいです。　I want to be a (　　　　　).

(3) ブラウンさんは日本食が好きです。

　　Ms. Brown likes Japanese (　　　　　).

2 次の英語の意味として適するものを下から選び，記号で答えなさい。　(5点×8)

(1) Chinese (　) (2) scientist (　) (3) rabbit (　)

(4) evening (　) (5) afternoon (　) (6) meter (　)

(7) hour (　) (8) dream (　)

> ア 夢　　　イ 夕方，晩　　ウ 科学者　　エ ウサギ
> オ 1時間　カ 中国語　　キ メートル　ク 午後

3 日本語の意味を表す英語を書きなさい。与えられた文字で始めること。　(5点×6)

(1) 季節 (s　　　　　) (2) 伝言 (m　　　　　)

(3) 物語, 話 (s　　　　　) (4) 空 (s　　　　　)

(5) 病院 (h　　　　　) (6) 部, クラブ (c　　　　　)

4 （　）に最も適する語を選び，記号を○で囲みなさい。　(6点×3)

(1) Mr. Smith usually goes to a (　) for lunch on Sundays.

　　ア dish　　　イ noon　　　ウ restaurant

(2) It's very hot today. I don't need a (　).

　　ア camera　　イ jacket　　ウ dictionary

(3) (　) is the third month of the year.

　　ア February　イ March　　ウ April

得点UP

1 (2) 〈want to ＋動詞 ～〉は「～したい」という意味。want to be ～ なら「～になりたい」という意味になる。

2 (4)(5) morning（朝，午前），noon（正午），night（夜）もセットにして覚えておくとよい。

まとめテスト(3)

1 次の英語の意味として適するものを下から選び，記号で答えなさい。　(4点×8)

(1) season （　　） (2) Tuesday （　　） (3) August （　　）

(4) first （　　） (5) second （　　） (6) December （　　）

(7) afternoon （　　） (8) visit （　　）

```
ア　火曜日　　イ　1番目(の)　　ウ　季節　　エ　8月
オ　訪れる　　カ　2番目(の)　　キ　午後　　ク　12月
```

2 次の語と対になる英語を書きなさい。与えられた文字で始めること。　(5点×6)

(1) ask （a　　　　　） (2) parent （c　　　　　）

(3) buy （s　　　　　） (4) cold （h　　　　　）

(5) old （y　　　　　） (6) early （l　　　　　）

3 日本文に合うように，（　　）に適する語を入れなさい。　(5点×4)

(1) 私を待っていて。　　　　　（　　　　　）（　　　　　） me.

(2) 彼は順と話しています。　He's （　　　　　） with Jun.

(3) 私は8時に学校へ出かけます。I （　　　　　） for school at eight.

(4) 私たちはお互いを知っています。

　　We know （　　　　　）（　　　　　）.

4 （　　）に最も適する語を選び，記号を○で囲みなさい。　(6点×3)

(1) （　　） is the seventh month of the year.

　　　ア　May　　　　　イ　June　　　　　ウ　July

(2) Kathy is at home. She's （　　） her room.

　　　ア　cleaning　　　イ　helping　　　ウ　working

(3) *A*：Jim, is this bike your sister's?

　　B：Yes, it's （　　）.

　　　ア　mine　　　　　イ　yours　　　　ウ　hers

名詞⑮

合格点：**80** 点／100 点
点

1 日本文に合うように，（　）に適する語を入れなさい。　(4点×3)

(1) 私たちは**平和**を願っています。　We hope for （　　　　）.

(2) **文化祭**はいつですか。　　　When is the school （　　　　）?

(3) **伝言**をお願いできますか。　Can I leave a （　　　　）?

2 次の英語の意味として適するものを下から選び，記号で答えなさい。　(5点×8)

(1) fish 　（　）　(2) bookstore （　）　(3) shoe 　（　）

(4) moon 　（　）　(5) trip 　（　）　(6) history （　）

(7) vacation （　）　(8) paper 　（　）

```
ア  旅行    イ  月    ウ  休暇    エ  くつ
オ  書店    カ  魚    キ  紙      ク  歴史
```

3 日本語の意味を表す英語を書きなさい。与えられた文字で始めること。　(5点×6)

(1) 夏 （ s 　　　）　(2) 冬 （ w 　　　）

(3) 雪 （ s 　　　）　(4) 顔 （ f 　　　）

(5) 夢 （ d 　　　）　(6) 夜 （ n 　　　）

4 （　）に最も適する語を選び，記号を○で囲みなさい。　(6点×3)

(1) A : Do you like reading, Bob?
　B : Yes, I do. I often go to the （　） after school.
　　ア newspaper　イ library　　ウ homework

(2) An （　） has sixty minutes.
　　ア day　　イ year　　ウ hour

(3) A : What （　） do you usually leave home, Sue?
　B : At 7:40.
　　ア day　　イ time　　ウ month

得点UP

1 (3)電話でよく使われる表現。この leave は「残す」という意味。
4 (3)時刻をたずねるときの表現。leave home で「家を出る」という意味。

月　　日

時を表す語句

点

合格点：**80**点／100点

1 次の（　　）内の日本語を英語にしなさい。2語の場合もあります。 (6点×5)

(1) Sally, see you （明日）. （　　　　　　　　）

(2) Shinji visited Osaka （先週）. （　　　　　　　　）

(3) It snowed （今朝）. （　　　　　　　　）

(4) I waited for Bob at the station （昨日）. （　　　　　　　）

(5) Kumi practices the piano （毎日）. （　　　　　　　）

2 （　　）に適する語を右から選んで入れなさい。同じ語は2度使えません。 (6点×3)

(1) Ted often visits them （　　　　　　　） the afternoon.

(2) We have five classes （　　　　　　） Mondays.

(3) I usually go to bed （　　　　　） 11:30.

[at
　in
　on]

3 日本文に合うように，（　　）に適する語を入れなさい。 (7点×4)

(1) **今**，何時ですか。　　　　　　What time is it （　　　　　　）?

(2) 6**時**です。　　　　　　　　　It's six （　　　　　　）.

(3) **今日は**何月何日ですか。　　　What's the date （　　　　　　）?

(4) リサは**そのとき**家にいました。　Lisa stayed home （　　　　　　）.

4 （　　）に最も適する語を選び，記号を○で囲みなさい。 (8点×3)

(1) My father cooked dinner about an hour （　　）.

　　ア after　　　イ long　　　ウ ago

(2) We often go skiing （　　） winter.

　　ア on　　　イ in　　　ウ at

(3) Did they have a party （　　） May 5?

　　ア on　　　イ in　　　ウ at

得点UP

3 (2)「〜時ちょうど[きっかり]」を表す語なので，「〜時…分」という場合には使わない。
4 (1) hour [áuər] は母音で始まる単語なので，a ではなく an をつける。

START ○───○───○───○───○───○───○ GOAL

前置詞(2)

月　　日

点

合格点: **80** 点／100 点

1 （　）に, in, on, at のうち最も適するものを入れなさい。　　　(6点×6)

(1) Naomi gets up （　　　　） 6:30 every morning.

(2) We have a lot of snow （　　　　） winter.

(3) We often go shopping （　　　　） Sundays.

(4) My uncle lives （　　　　） Sendai.

(5) Change trains （　　　　） Tokyo Station.

(6) I usually play tennis （　　　　） Saturday afternoon.

2 日本文に合うように, （　）に適する語を入れなさい。　　　(6点×6)

(1) その犬の名前は何ですか。　What's the name （　　　　） the dog?

(2) 私は夕食前にテレビを見ます。I watch TV （　　　　） dinner.

(3) 箱の中に何が入っていますか。What's （　　　　） the box?

(4) 私は5月に沖縄を訪れました。I visited Okinawa （　　　　） May.

(5) 彼は放課後テニスをします。　He plays tennis （　　　　） school.

(6) これはあなたへの贈り物です。This is a present （　　　　） you.

3 （　）に最も適する語を選び, 記号を○で囲みなさい。　　　(7点×4)

(1) Look at that girl （　　） long hair.

　　　ア of　　　　　　イ for　　　　　　ウ with

(2) Mike practices soccer （　　） two hours every day.

　　　ア for　　　　　　イ in　　　　　　ウ of

(3) This bus goes （　　） the park to the station.

　　　ア under　　　　イ from　　　　　ウ of

(4) I arrived at Fukuoka （　　） the evening.

　　　ア to　　　　　　イ at　　　　　　ウ in

得点UP

1 (5) change trains は「電車を乗りかえる」という意味。train<u>s</u> と複数形にすることにも注意。

3 (3) from A to B で「A から B まで」という意味。

形容詞・副詞(5)

1 日本文に合うように，(　)に適する語を入れなさい。 (4点×3)

(1) いっしょに踊りましょう。　　Let's dance (　　　　　).

(2) 私は**昨日**家にいました。　　I stayed home (　　　　　).

(3) **ちょうど**そのときバスが止まりました。

　　The bus stopped (　　　　　) then.

2 次の英語の意味として適するものを下から選び，記号で答えなさい。 (5点×6)

(1) sunny (　　) (2) red (　　) (3) warm (　　)

(4) wonderful (　　) (5) hungry (　　) (6) tomorrow (　　)

```
ア  暖かい   イ  すばらしい        ウ  赤い
エ  空腹の   オ  明るく日のさす，晴れた   カ  明日(は)
```

3 日本語の意味を表す英語を書きなさい。与えられた文字で始めること。 (5点×8)

(1) くもりの　(c　　　　　) 🖉(2) すずしい　(c　　　　　)

🖉(3) 黒い　　(b　　　　　) 🖉(4) 白い　　(w　　　　　)

(5) もうすぐ　(s　　　　　) (6) 疲れた　(t　　　　　)

(7) 同じ　　(s　　　　　) (8) 今日(は)　(t　　　　　)

4 (　)に最も適する語を選び，記号を○で囲みなさい。 (6点×3)

(1) Mr. Harris is our English teacher. He's always (　　) to us.

　　ア sure　　　　イ kind　　　　ウ other

(2) A : Hi, David. I'm sorry I'm (　　).

　　B : That's OK, Lisa. Let's go.

　　ア free　　　　イ careful　　　ウ late

(3) A : Is this (　　) bike yours?

　　B : No, it's Bill's. Mine is old.

　　ア new　　　　イ high　　　　ウ young

✏️ 得点UP

3 (2)「すずしい」のほかに「冷静な」や話し言葉で「かっこいい」などの意味もある。

(3)(4)色を表す語には yellow(黄色い)，blue(青い)，green(緑色の)などがある。名詞としても使う。

名詞(16)

1 日本文に合うように，（　）に適する語を入れなさい。　(4点×3)

(1) 私は**週末**にキャンプに行きます。I go camping on （　　　　　）.

(2) 私の妹は**めがね**をかけています。My sister wears （　　　　　）.

(3) 彼は中国**文化**を学んでいます。

He is learning about Chinese （　　　　　）.

2 次の英語の意味として適するものを下から選び，記号で答えなさい。　(5点×8)

(1) parent （　） (2) weather （　） (3) thing （　）

(4) hair （　） (5) noon （　） (6) problem （　）

(7) sun （　） (8) plan （　）

```
ア  計画   イ  もの，こと   ウ  髪の毛   エ  問題
オ  正午   カ  天気，天候   キ  親      ク  太陽
```

3 日本語の意味を表す英語を書きなさい。与えられた文字で始めること。　(5点×6)

(1) 春 （ s　　　　） (2) 秋 （ f　　　　）

(3) 花 （ f　　　　） (4) 目 （ e　　　　）

(5) お金 （ m　　　　） (6) 体 （ b　　　　）

4 （　）に最も適する語を選び，記号を○で囲みなさい。　(6点×3)

(1) I wash my （　） every morning.

　　ア bread　　　イ face　　　ウ water

(2) This is my first （　） to London.

　　ア story　　　イ date　　　ウ trip

(3) A：Which season do you like?

　　B：I like （　）.

　　ア morning　　　イ birthday　　　ウ summer

得点UP
3 (2)「秋」はautumnという言い方もある。
4 (2)この firstは「1番目(の)」ではなく，「初めての」という意味。

名詞⒄

1 日本文に合うように，（　　）に適する語を入れなさい。 (4点×3)

(1) ケイトは**壁**にペンキを塗りました。　Kate painted the (　　　　　　).

✎(2) 私は**歴史**が得意です。　　　　　　I'm good at (　　　　　　).

(3) マイクはこの**山**に登りました。　Mike climbed this (　　　　　　).

2 次の英語の意味として適するものを下から選び，記号で答えなさい。 (5点×8)

(1) movie 　（　　） (2) language （　　） (3) problem （　　）

(4) sound 　（　　） (5) city hall （　　） (6) church 　（　　）

(7) peace 　（　　） (8) bread 　（　　）

> ア　言語　　イ　映画　　ウ　教会　　エ　問題
> オ　市役所　カ　音，響き　キ　パン　ク　平和

3 日本語の意味を表す英語を書きなさい。与えられた文字で始めること。 (5点×6)

(1) ニュース　（ n　　　　　　） (2) 場所　　　（ p　　　　　　）

(3) 町　　　　（ t　　　　　　） (4) 親　　　　（ p　　　　　　）

(5) 考え　　　（ i　　　　　　） (6) 国　　　　（ c　　　　　　）

4 （　　）に最も適する語を選び，記号を○で囲みなさい。 (6点×3)

(1) Meg, open your (　　) and look at this.

　　ア　eyes　　　　イ　heads　　　ウ　bodies

✎(2) I usually have lunch around (　　).

　　ア　morning　　イ　noon　　　ウ　evening

(3) A : Do you have any (　　) for this weekend?

　　B : No, I don't.　Why?

　　ア　plans　　　　イ　trips　　　ウ　trains

得点UP

1 (2) be good at ～で「～が得意である」という意味。

4 (2)この around は「約～，～ごろ」という意味。

形容詞・副詞(6)

月　日

点

合格点：**80** 点／100 点

1 （　　）内から最も適する語を選び，記号を○で囲みなさい。　　　(4点×3)

(1) How is the weather? — It's （ ア cloudy　イ young　ウ short ）.

(2) Emma gets up （ ア fast　イ early　ウ only ） every morning.

(3) I like swimming. I （ ア often　イ just　ウ today ） go to the pool.

2 次の英語の意味として適するものを下から選び，記号で答えなさい。　　(5点×6)

(1) wonderful （　　）　(2) green （　　）　(3) cool （　　）

(4) sleepy （　　）　(5) about （　　）　(6) snowy （　　）

> ア　眠い　　　　　イ　すばらしい　　ウ　雪の降る
> エ　すずしい　　　オ　緑色の　　　　カ　約～，およそ

3 日本語の意味を表す英語を書きなさい。与えられた文字で始めること。(5点×8)

(1) いっしょに （t　　　　　）　(2) 青い　　　　　（b　　　　　）

(3) 雨降りの　 （r　　　　　）　(4) 黄色い　　　　（y　　　　　）

(5) 風の吹く　 （w　　　　　）　(6) 準備ができて（r　　　　　）

(7) ほんとうに （r　　　　　）　(8) 昨日(は)　　　（y　　　　　）

4 日本文に合うように，（　　）に適する語を入れなさい。　　　(6点×3)

(1) 私は犬が好きです。私の姉**も**犬が好きです。

I like dogs. My sister （　　　　　　） likes them.

(2) このセーターは私には大き**すぎ**ます。

This sweater is （　　　　　　） big for me.

(3) トムは**あまり**お金を持ってい**ません**でした。

Tom had （　　　　　　） money.

得点UP

1 (1)天気をたずねるときの表現。**What is the weather like?** というたずね方もある。
4 (3) **money**(お金)は**数えられない**名詞。aをつけたり，複数形にしたりしない。

START ○――○――○――○――○――○――○――○――○ GOAL

名詞(18)

1 （　　）に適する語を下から選んで入れなさい。　　　　(4点×3)

(1) Our town is a nice (　　　　　　). 　（私たちの町はよい所です。）

(2) Are you interested in Japanese (　　　　　)?
　　　　　　　　　　　　（あなたは日本の文化に興味がありますか。）

(3) They have a big (　　　　　). （彼らは大きな問題をかかえています。）

　　　　　[place　　problem　　culture　　]

2 次の英語の意味として適するものを下から選び，記号で答えなさい。　(5点×8)

(1) festival （　　） 　(2) life 　（　　） 　(3) bridge （　　）

(4) word 　（　　） 　(5) doctor （　　） 　(6) art 　（　　）

(7) sweater （　　） 　(8) future （　　　）

　[ア　医師　　イ　生活，生命　　ウ　語，単語　　エ　祭り
　　オ　橋　　カ　セーター　　キ　未来　　ク　美術，芸術]

3 日本語の意味を表す英語を書きなさい。与えられた文字で始めること。 (5点×6)

(1) 音，響き 　（ s　　　　　） 　(2) 山 　　　（ m　　　　　）

(3) 言語 　　（ l　　　　　） 　(4) 川 　　　（ r　　　　　）

(5) 雨 　　　（ r　　　　　） 　✎(6) 方法，道 （ w　　　　　）

4 日本文に合うように，（　　）に適する語を入れなさい。　　　(6点×3)

(1) サムは毎日ギターを2時間練習します。

　　Sam practices the guitar for two (　　　　　　) every day.

(2) リサ，何か質問はありますか。

　　Lisa, do you have any (　　　　　　)?

✎(3) 私は先週，ひどいかぜをひいていました。―だいじょうぶですか。

　　I had a bad (　　　　　　) last week.

　　― Are you all right?

....

得点UP
3 (6)「方法，道」のほかに「方向，方角」「道のり」などの意味も表す。
4 (3) had は have の過去形。この have は「(病気に)かかっている」という意味。

START ○━━○━━○━━○━━○━━○━━○━━○━━○　　GOAL

動詞(6)

1 （　　）に適する語を下から選んで入れなさい。必要ならば適する形にかえること。

(6点×5)

(1) I （　　　　　　　） my room yesterday. （私は昨日，部屋をそうじしました。）

(2) Ben （　　　　　　　） these boxes. （ベンがこれらの箱を運んでくれました。）

(3) We （　　　　　　　） the 8:00 train. （私たちは8時の電車に乗りそこねました。）

(4) I （　　　　　　　） in Paris last year. （私は昨年，パリに住んでいました。）

(5) The bus （　　　　　　　） suddenly. （バスがとつぜん止まりました。）

〔 stop 　 carry 　 miss 　 live 　 clean 〕

2 日本文に合うように，（　　）に適する語を入れなさい。

(7点×6)

(1) その角を右に**曲がり**なさい。 （　　　　　　　） right at the corner.

(2) あなたは6時に家を**出ました**か。Did you （　　　　　　　） home at six?

(3) 私は絵を**かく**ことが好きです。I like to （　　　　　　　） pictures.

(4) エドは青いシャツを**着て**います。Ed is （　　　　　　　） a blue shirt.

(5) 私にその本を**貸して**ください。 Please （　　　　　　　） the book to me.

(6) （この店では）くつを**売っています**か。 Do you （　　　　　　　） shoes?

3 （　　）に最も適する語を選び，記号を○で囲みなさい。

(7点×4)

(1) I sometimes （　　） my father's car.

ア wash 　　　イ help 　　　ウ drink

(2) My mother can （　　） a horse.

ア like 　　　イ study 　　　ウ ride

(3) How do you （　　） your summer vacation?

ア spend 　　　イ show 　　　ウ sleep

(4) Can I （　　） some questions, Mr. White? ― Sure.

ア say 　　　イ ask 　　　ウ see

得点UP

❶ 規則動詞の過去形は，ed または d を動詞の最後につける。stop は**最後の1字を重ねる**。

❷ ⑶絵を「かく」というときには，write は使えない。**write は文字を「書く」**というときに使う。

高得点レベル英単語

動詞(7)

月　　日

点

合格点：80 点／100 点

1 次の動詞の過去形を書きなさい。　　　　　　　　　　　　　　(5点×6)

(1) have　　(　　　　　)　　(2) get　　(　　　　　)

(3) say　　(　　　　　)　　(4) take　　(　　　　　)

(5) go　　(　　　　　)　　(6) sit　　(　　　　　)

2 (　　)に適する語を下から選んで入れなさい。　　　　　　　　(6点×4)

(1) What do you (　　　　　)?　　(どういう意味ですか。)

(2) (　　　　　) me about her.　　(彼女について私に話してください。)

(3) Did he (　　　　　) at the hotel?　(彼はそのホテルに滞在しましたか。)

(4) Does this train (　　　　　) at Shinjuku?

(この電車は新宿に止まりますか。)

[mean　　stay　　stop　　tell]

3 日本文に合うように，(　　)に適する語を入れなさい。　　　(6点×3)

(1) 彼女はそのとき**眠って**いました。She was (　　　　　) then.

(2) 健はパーティーを**楽しみ**ましたか。Did Ken (　　　　　) the party?

(3) 私は宿題を**終えました**。　　　I (　　　　　) my homework.

4 (　　)に最も適する語を選び，記号を○で囲みなさい。　　　(7点×4)

(1) My sister and I (　　) in Hokkaido yesterday.

ア was　　　　イ were　　　　ウ are

(2) My mother works at a high school. She (　　) history.

ア writes　　　イ practices　　　ウ teaches

(3) I often (　　) John and talk with him for a long time.

ア call　　　イ speak　　　ウ say

(4) My father always (　　) to me, "Study hard."

ア asks　　　イ listens　　　ウ says

得点UP

❶ すべて**不規則**に変化する動詞。規則動詞の過去形のように最後は -(e)d の形にならない。

❹ (4)" "（引用符）は発言などをそのまま書き表すときに使う。

動詞(8)

1 次の動詞の過去形を書きなさい。　　　　　　　　　　　　(5点×6)

(1) do 　　（　　　　　　　）　　(2) write 　（　　　　　　　）

(3) make 　（　　　　　　　）　　(4) see 　　（　　　　　　　）

(5) come 　（　　　　　　　）　　(6) tell 　　（　　　　　　　）

2 （　　）に適する語を下から選んで入れなさい。必要ならば適する形にかえること。
　　　　　　　　　　　　　　　　　　　　　　　　　　　(6点×4)

(1) I （　　　　　　　　） talking with Kate. 　（私はケイトと話していました。）

(2) The movie （　　　　　　） at 3:00. 　（映画は3時に始まりました。）

(3) Where do you （　　　　　　　） lunch? 　（どこで昼食を食べるのですか。）

(4) （　　　　　　　） the book on the desk. 　（その本を机の上に置きなさい。）

[eat 　 put 　 start 　 be]

3 日本文に合うように，（　　）に適する語を入れなさい。　　(6点×3)

(1) あなたは自転車に**乗れ**ますか。　Can you （　　　　　　） a bike?

(2) 私はよく彼のことを**考えます**。　I often （　　　　　　） about him.

(3) 彼はそのシャツを**着ません**。He doesn't （　　　　　　） that shirt.

4 （　　）に最も適する語を選び，記号を○で囲みなさい。　　(7点×4)

(1) Lisa （　　） a good time at the party last Saturday.

　　　ア met 　　　　イ went 　　　　ウ had

(2) Kyoto is a beautiful city. A lot of people （　　） there.

　　　ア take 　　　　イ visit 　　　　ウ look

(3) I （　　） this bag at that store last Sunday.

　　　ア sat 　　　　イ ate 　　　　ウ got

(4) My father is in Sydney now, so I （　　） him.

　　　ア miss 　　　　イ enjoy 　　　　ウ spend

得点UP

1 すべて**不規則**に変化する動詞。1語1語変化のしかたが異なる。

3 (3)服やぼうし，めがねなどを**身につけている**状態を表す。「着る」という動作は **put on** で表す。

前置詞(3)

月　日

点

合格点：**80** 点／100 点

❶ （　　）に適する語を右から選んで入れなさい。同じ語は2度使えません。　(6点×5)

(1) Kumi stayed in Okinawa （　　　　） a week.

(2) We can't live （　　　　） water.

(3) What did you do （　　　　） your vacation?

(4) Some （　　　　） them can ski.

(5) It's seven （　　　　） the evening.

of
without
for
during
in

❷ 日本文に合うように，（　　）に適する語を入れなさい。　(6点×7)

(1) 彼女のものの**ような**かばんがほしい。 I want a bag （　　　　） hers.

(2) 私たちは橋を歩いて**渡り**ました。 We walked （　　　　） the bridge.

(3) 健は部屋**の中**に入ってきました。 Ken came （　　　　） the room.

(4) 私はメグ**と**テニスをしました。 I played tennis （　　　　） Meg.

(5) 川**沿い**に歩きましょう。 Let's walk （　　　　） the river.

(6) 彼**から**手紙を受け取りました。 I got a letter （　　　　） him.

(7) 夕食**前**に手を洗いなさい。 Wash your hands （　　　　） dinner.

❸ （　　）に最も適する語を選び，記号を○で囲みなさい。　(7点×4)

(1) He visited me late （　　） night.

　ア in　　　　イ at　　　　ウ from

(2) I usually listen to the radio （　　） Sundays.

　ア in　　　　イ at　　　　ウ on

(3) Look at the picture （　　） the wall.

　ア on　　　　イ for　　　　ウ into

(4) This is a story （　　） a famous musician.

　ア with　　　　イ about　　　　ウ under

得点UP

❷ (2)「〜を横切って」ということ。一方の側から，もう一方の側（向こう側）へ動くイメージの語。
(3)「〜の中へ」と動きを表す語。「〜の（中から）外へ」は out of 〜 を使う。

START ○───○───○───○───○───○───○───○───● GOAL

熟語⑷・会話表現（注文・道案内など）

月　　日

点

合格点：**80** 点／100 点

1 次の英文の意味として適するものを下から選び，記号で答えなさい。　　(6点×5)

(1) That's a good idea. （　　） (2) Wait a minute. （　　）

(3) How much is it? （　　） (4) No problem. （　　）

(5) Pardon me? （　　）

> **ア** 少し待ってください。 **イ** かまいませんよ。 **ウ** もう1度言ってください。
> **エ** それはいくらですか。 **オ** いい考えですね。

2 日本文に合うように，（　　）に適する語を入れなさい。　　(7点×6)

(1) とうとうその本を入手しました。 I got the book **at** （　　　　）.

(2) 久美は部屋**から出て**行きました。 Kumi went （　　　　） **of** the room.

(3) 彼は9時**から**5時**まで**働きます。 He works （　　　　） 9:00 **to** 5:00.

(4) **来週**会いましょう。　　　　　 See you （　　　　） **week.**

(5) ジムは中国**からもどりました**。 Jim **came** （　　　　） **from** China.

(6) 私たちは**長い間**話しました。　 We talked （　　　　） **a long time.**

3 会話が完成するように，（　　）に適する語を入れなさい。　　(両方できて7点×4)

(1) A : How can I （　　　　） to the post office? (郵便局へはどうやって行けばよいですか。)

　　 B : （　　　　） left at the second corner. (2番目の角で左に曲がります。)

(2) A : （　　　　） me. Where is the station? (すみません。駅はどこですか。)

　　 B : Go （　　　　） down this street. (この道をまっすぐ行ってください。)

(3) A : What （　　　　） you like? (何になさいますか。)

　　 B : I'd （　　　　） a salad. (サラダをください。)

(4) A : Can I （　　　　） French fries? (フライドポテトをください。)

　　 B : Sure. （　　　　） here or to go? (かしこまりました。こちらでお召しあがりですか，それともお持ち帰りですか。)

得点UP

2 (2)「**内側から外へ**」という動きを表す。 into（～の中へ）と対の意味になる。

3 (3)レストランなどで**ていねいに注文する**ときの表現。

まとめテスト(4)

1 次の英語の意味として適するものを下から選び，記号で答えなさい。　(4点×8)

(1) snow （　　） (2) flower （　　） (3) problem （　　）

(4) wear （　　） (5) drive （　　） (6) peace （　　）

(7) rainy （　　） (8) plan （　　）

```
ア　運転する              イ　雨降りの    ウ　花    エ　雪
オ　着ている，身につけている    カ　計画      キ　平和    ク　問題
```

2 日本語の意味を表す英語を書きなさい。与えられた文字で始めること。　(5点×6)

(1) 意味する （m　　　　　） (2) 終える （f　　　　　）

(3) 生活，生命 （l　　　　　） (4) 昨日(は) （y　　　　　）

(5) お金 （m　　　　　） (6) 役に立つ （u　　　　　）

3 日本文に合うように，（　　）に適する語を入れなさい。　(5点×4)

(1) 休暇を楽しみましたか。 Did you （　　　　　） your （　　　　　）？

(2) 準備はいいですか。 Are you （　　　　　）？

(3) あなたの国について私に話してください。

（　　　　　　） me about your country.

(4) 私は6時に起きて，駅へ行きました。

I got （　　　　　） at 6:00 and （　　　　　） to the station.

4 （　　）に最も適する語を選び，記号を○で囲みなさい。　(6点×3)

(1) *A*：How's the （　　） today in Okinawa?

　　B：It's cloudy.

　　ア　time　　　　イ　weather　　　ウ　language

(2) Don't be late （　　） school, Sam.

　　ア　at　　　　　イ　for　　　　　ウ　with

(3) We stayed （　　） Sapporo for three days.

　　ア　in　　　　　イ　on　　　　　ウ　with

総復習テスト(1)

目標時間: **20** 分　合格点: **80** 点／100 点

月　日

点

1 [　]内の語を適する形にして, (　)に書きなさい。　(2点×3)

(1) Many (　　　　　) like animals.　[child]

(2) Saki wants to be a doctor, so she (　　　　) hard
every day.　[study]

(3) He's (　　　　　) in the park with his dog.　[run]

2 次の英語の意味として適するものを下から選び, 記号で答えなさい。　(2点×8)

(1) winter (　) (2) word (　) (3) letter (　)

(4) week (　) (5) famous (　) (6) important (　)

(7) question (　) (8) enjoy (　)

```
[ ア 楽しむ    イ 単語    ウ 大切な, 重要な    エ 冬
  オ 週       カ 有名な   キ 手紙, 文字        ク 質問 ]
```

3 日本語の意味を表す英語を書きなさい。　(3点×6)

(1) 図書館 (　　　　　)　(2) 木曜日 (　　　　　)

(3) 野球 (　　　　　)　(4) 10月 (　　　　　)

(5) 言語, 言葉 (　　　　　)　(6) 日本語 (　　　　　)

4 次の各組の＿＿に入るつづりが同じ英語を, (　)に書きなさい。　(3点×4)

(1) { What ＿＿＿＿ is it today? — It's Sunday.
　　 Have a nice ＿＿＿＿.　(　　　　)

(2) { I had a good ＿＿＿＿ in London.
　　 What ＿＿＿＿ is it? — It's three o'clock.　(　　　　)

(3) { Turn ＿＿＿＿ at the next corner.
　　 Eric ＿＿＿＿ for Australia yesterday.　(　　　　)

(4) { Do you know the time? I don't have a ＿＿＿＿.
　　 I often ＿＿＿＿ soccer games on TV.　(　　　　)

裏面へ

START　GOAL

5 CとDの関係がAとBの関係と同じになるように、(　　)に適する語を入れなさい。

	A	B	C	D
(1)	man	woman	brother	(　　　　)
(2)	stand	sit	open	(　　　　)
(3)	big	small	difficult	(　　　　)
(4)	you	yours	I	(　　　　)

6 日本文に合うように、(　　)に適する語を入れなさい。　　

(1) 久美は公園で写真を数枚とりました。

Kumi (　　　　　　　) some (　　　　　　　) in the park.

(2) 私はコップ1杯の水がほしい。

I (　　　　　) a (　　　　　　) of water.

(3) ナンシーはよく母と買い物に行きます。

Nancy often (　　　　　　) (　　　　　　　) with her mother.

(4) 健二，私の宿題を手伝ってくれませんか。

Can you (　　　　　　) me with my (　　　　　　　), Kenji?

7 (　　)に最も適する語を選び，記号を○で囲みなさい。　　

(1) (　　) up, Jack! It's eight o'clock!

　　ア　Try　　　　　　イ　Get　　　　　　ウ　Begin

(2) January is the (　　) month of the year.

　　ア　first　　　　　イ　second　　　　　ウ　third

(3) A : I'm sorry, Miki. I'm late.

　　B : That's all (　　).

　　ア　nice　　　　　イ　right　　　　　　ウ　good

(4) A : Can you (　　) any birds over there?

　　B : Yes. There are three birds.

　　ア　listen　　　　イ　look　　　　　　ウ　see

総復習テスト(2)

1 [　]内の語を適する形にして，（　）に書きなさい。 (2点×3)

(1) My father and I (　　　　　) to the zoo last Sunday. [go]

(2) I (　　　　　) Yuka at the station yesterday. [see]

(3) Were you (　　　　　) in the pool then? [swim]

2 次の英語の意味として適するものを下から選び，記号で答えなさい。 (2点×8)

(1) people （　　） (2) beautiful （　　） (3) park （　　）

(4) summer （　　） (5) write （　　） (6) walk （　　）

(7) train （　　） (8) child （　　）

```
ア  歩く     イ  美しい   ウ  電車     エ  人々
オ  書く     カ  子ども   キ  公園     ク  夏
```

3 （　）に適する語を右から選んで入れなさい。同じ語は2度使えません。 (3点×5)

(1) Kumi is cooking (　　　　　) the kitchen.

(2) Tom comes to school (　　　　　) bus.

(3) Welcome (　　　　　) our country.

(4) I usually get home (　　　　　) 6:30.

(5) We go to school (　　　　　) Monday to Friday.

```
at
by
from
in
to
```

4 次の英文に対する応答として適するものを下から選び，記号で答えなさい。 (3点×5)

(1) Thank you very much. （　　）

(2) What's wrong? （　　）

(3) How many classes do you have today? （　　）

(4) How much is this bag? （　　）

(5) What time do you usually get home? （　　）

```
ア  We have six.          イ  I have a fever.
ウ  It's five thousand yen.   エ  You're welcome.
オ  About six.
```

裏面へ

5 次の各組の＿＿＿に入るつづりが同じ英語を，（　）に書きなさい。　　(4点×3)

(1) {
What subject do you ＿＿＿＿？
Meg is just ＿＿＿＿ her mother.　　　　　（　　　　）
}

(2) {
How ＿＿＿＿ this jacket?
I went to bed ＿＿＿＿ 11:00 last night.　　（　　　　）
}

(3) {
Do you know that woman ＿＿＿＿ short hair?
I stayed ＿＿＿＿ my aunt during summer vacation. （　　　　）
}

6 日本文に合うように，（　）に適する語を入れなさい。　　(4点×5)

(1) 由美はまんが本をたくさん持っています。
Yumi（　　　　　）a（　　　　　　）of comics.

(2) 父は車の中でラジオを聞きます。
My father（　　　　　）（　　　　　　）the radio in the car.

(3) 私たちは毎年長野を訪れます。
We（　　　　）Nagano（　　　　）year.

(4) すみません。駅はどちらでしょうか。
（　　　　　）me. Where's the（　　　　　）?

(5) あなたはギターがひけますか。
Can you（　　　　　）the（　　　　）?

7 （　）に最も適する語を選び，記号を○で囲みなさい。　　(4点×4)

(1) It's snowy today. It's very（　　）.
　　ア hot　　　　　イ cold　　　　　ウ warm

(2) Fall is my favorite（　　）.
　　ア season　　　イ month　　　　ウ weather

(3) I have two friends in Canada.（　　）names are Bill and Ann.
　　ア Our　　　　イ Your　　　　　ウ Their

(4) A: Do you like（　　）, Mr. Kato?
　　B: Yes. Tennis is my favorite.
　　ア food　　　　イ music　　　　ウ sports

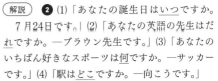

No.01 名詞(1)

❶ (1) ウ (2) イ (3) ウ

❷ (1) ア (2) エ (3) オ (4) イ
　 (5) カ (6) ウ

❸ (1) chair (2) train (3) glass
　 (4) pencil (5) computer (6) sport
　 (7) park (8) sea

❹ (1) cup (2) camera (3) book
　 (4) notebook

（解説） ❶ (1)「私はインターネットでニュースを読みます。」ア「音楽」，イ「かばん」。(2)「私のいちばん好きな色はピンクです。」ア「コーヒー」，ウ「動物」。(3)「このシャツは私には小さいです。」ア「試合，ゲーム」，イ「テニス」。
❷ (2)複数扱いの単語。
❹ (1)「カップ」は cup，「コップ」は glass。
(4)日本語につられて，note としないように注意。また，note と book を離して書かないこと。

No.02 名詞(2)

❶ (1) woman (2) doctor (3) people

❷ (1) ア (2) ウ (3) エ (4) イ
　 (5) カ (6) オ

❸ (1) friend (2) soccer (3) tennis
　 (4) game (5) boy (6) girl
　 (7) bag (8) student

❹ (1) ウ (2) ウ (3) イ

（解説） ❶ (1) lady でもよい。man（男性）とセットで覚えておこう。(3) people のつづりに注意。
❸ (1) friend の i を忘れないこと。
❹ (1)「みなさん，こんにちは。私の名前はリサ・ブラウンです。」ア「海」，イ「本」。(2)「東京は大都市です。そこは高いビルがたくさんあります。」a lot of ～ で「たくさんの～」。ア「公園」，イ「電車」。(3)「A：いちばん好きなスポーツは

何ですか，健。　B：野球です。」ア「子ども」，ウ「コップ」。

No.03 名詞(3)

❶ (1) piano (2) guitar (3) park

❷ (1) ウ (2) カ (3) イ (4) エ
　 (5) ア (6) オ

❸ (1) class (2) English (3) school
　 (4) song (5) nurse (6) library
　 (7) team (8) homework

❹ (1) イ (2) ア (3) イ (4) イ

（解説） ❶ (2) guitar のつづりに注意。
❸ (8) home と work を離して書かないこと。
❹ (1)「トムはサッカー部の一員です。彼はいい選手です。」ア「兄，弟」，ウ「名前」。(2)「私は野球が好きです。私はときどきテレビで野球の試合を見ます。」イ「バス」，ウ「コップ，(複数形で)めがね」。(3)「この写真を見て。この女の子は私の友達です。」ア「えんぴつ」，ウ「カメラ」。(4)「私は音楽が好きです。私はよくバイオリンをひきます。」ア「スポーツ」，ウ「本」。

No.04 代名詞(1)・疑問詞

❶ (1) your (2) her (3) his (4) my

❷ (1) When (2) Who (3) What
　 (4) Where

❸ (1) that (2) It (3) This (4) This
　 (5) You (6) I

❹ (1) イ (2) ア (3) ウ (4) ア

（解説） ❷ (1)「あなたの誕生日はいつですか。—7月24日です。」(2)「あなたの英語の先生はだれですか。—ブラウン先生です。」(3)「あなたのいちばん好きなスポーツは何ですか。—サッカーです。」(4)「駅はどこですか。—向こうです。」
❸ (1)(3) that は離れたところにあるものを，this

は近くにあるものをさす。(4)「こちらは〜です」と人を紹介するときにも This is 〜. を使う。

❹ (1)「あの女性を見て。<u>彼女</u>は私たちの音楽の先生です。」ア「彼は」，ウ「こちらは」。(2)「私はあの少年を知っています。<u>彼の</u>名前はマイクです。」イ「彼女の」，ウ「それは」。(3)「私はネコを飼っています。<u>それは</u>とてもかわいいです。」ア「私は」，イ「あなた(たち)は」。(4)「私には兄[弟]が１人います。<u>彼は</u>今，カナダにいます。」イ「彼女は」，ウ「それは」。

No. 05 動詞(1)

❶ (1) live (2) have (3) like (4) study
(5) go

❷ (1) sing (2) speak (3) watch
(4) play (5) come (6) listen

❸ (1) イ (2) イ (3) ア (4) ウ

解説 ❶ (5) 〈go to ＋場所〉の形でよく使う。
❷ (3) watch は「(注意して)見る」という場合に使う。(6) listen to 〜 で「〜を聞く」という意味。
❸ (1)「私はあの女性を<u>知っています</u>。彼女は私たちの新しい先生です。」ア「走る」，ウ「行く」。(2)「兄[弟]と私は宿題をいっしょに<u>します</u>。」「宿題をする」というときは動詞の do を使う。ア「泳ぐ」，ウ「勉強する」。(3)「私はよく夕食後に新聞を<u>読みます</u>。」イ「助ける，手伝う」，ウ「教える」。(4)「A：サム，コーヒーは<u>ほしい</u>ですか。B：ええ，お願いします。」ア「住む」，イ「(スポーツなどを)する」。

No. 06 形容詞・副詞(1)

❶ (1) イ (2) ウ (3) イ

❷ (1) ウ (2) ク (3) カ (4) オ
(5) ア (6) キ (7) エ (8) イ

❸ (1) big (2) small (3) old (4) new

❹ (1) very, much (2) well (3) some
(4) any

解説 ❶ (1)「<u>何本か</u>花が見えますか。」(2)「この本は<u>とても</u>おもしろいです。」very は「<u>とても</u>」という意味で，形容詞や副詞を修飾する。(3)「何

<u>か</u>質問がありますか。」any は疑問文で「いくつかの，何か」という意味。

❹ (1) like 〜 very much で「〜がとても好き」。very は so でもよい。(3)(4) some はふつうの文で，any は疑問文や否定文でよく使う。not 〜 any … で「１つ[１人]の…も〜ない」という意味。

No. 07 熟語(1)・会話表現 (あいさつなど)

❶ (1) エ (2) ア (3) ウ (4) イ

❷ (1) ア (2) エ (3) イ (4) ウ

❸ (1) every (2) after (3) to (4) on

❹ (1) イ (2) ウ (3) ア (4) ウ

解説 ❷ (1)「ありがとう。—どういたしまして。」(2)「はじめまして。—こちらこそはじめまして。」(3)「お元気ですか。—元気です，ありがとう。」(4)「ごめんなさい。—だいじょうぶですよ。」
❹ (1)「私の宿題を手伝ってください。難しすぎます。」〈help ＋人＋ with 〜〉で「(人)の〜を手伝う」。(2)「私は新しいコンピューターを持っています。私はそれを<u>とても</u>気に入っています。」very much で「とても」。(3)「私は<u>カップ１杯の</u>お茶がほしい。」a cup of 〜 で「カップ１杯の〜」。(4)「さようなら，キム。<u>また明日</u>。」See you. で「またね。」という意味。

No. 08 名詞(4)

❶ (1) nurse (2) Swimming (3) head

❷ (1) オ (2) ク (3) ウ (4) イ
(5) キ (6) カ (7) エ (8) ア

❸ (1) father (2) mother (3) brother
(4) sister (5) family

❹ (1) ア (2) ア (3) イ

解説 ❹ (1)「私はたいてい<u>朝食</u>にご飯を食べます。」イ「クラス，授業」，ウ「ゲーム，試合」。(2)「私たちはあの<u>家</u>に住んでいます。」イ「スポーツ」，ウ「夕食」。(3)「A：エミは歩いて学校へ行きますか。　B：いいえ。彼女は<u>バス</u>に乗って学校へ行きます。」ア「コンピューター」，ウ「カメラ」。

09 名詞(5)

❶ (1) volleyball (2) afternoon
  (3) east
❷ (1) エ (2) ウ (3) ア (4) イ
  (5) カ (6) オ
❸ (1) time (2) morning (3) eraser
  (4) Japanese (5) dictionary
  (6) uncle (7) animal (8) letter
❹ (1) ウ (2) ウ (3) イ

解説 **❸** (4)必ず**大文字**で書き始めること。
❹ (1)「私はサッカーが好きではありません。バスケットボールの<u>ファン</u>です。」**ア**「人々」，**イ**「家，家庭」。(2)「私はたいてい学校のカフェテリアで<u>昼食</u>をとります。」**ア**「朝，午前」，**イ**「クラス，授業」。(3)「A：キャシー，あなたのいちばん好きな<u>果物</u>は何？　B：オレンジが好きだよ。」**ア**「スポーツ」，**ウ**「本」。

10 まとめテスト(1)

❶ (1) イ (2) エ (3) キ (4) カ
  (5) ウ (6) ア (7) ク (8) オ
❷ (1) father (2) brother (3) old
  (4) big (5) boy (6) come
❸ (1) Thank, much (2) play
  (3) watch, soccer
  (4) study, English
❹ (1) イ (2) ウ (3) ア

解説 **❹** (1)「A：デイビッド，何か<u>スポーツ</u>はしますか。　B：はい。ぼくはバスケットボール部に入っています。」**ア**「食べ物」，**ウ**「えんぴつ」。(2)「健は音楽が好きです。彼はよくラジオを<u>聞きます</u>。」**ア**「書く」，**イ**「読む」。(3)「私は水泳が好きです。ときどきプールへ<u>行きます</u>。」**イ**「持っている」，**ウ**「ほしい」。

11 名詞(6)

❶ (1) ウ (2) イ (3) ア
❷ (1) ウ (2) キ (3) オ (4) ア

---

  (5) カ (6) ク (7) イ (8) エ
❸ (1) word (2) card (3) classroom
  (4) food (5) window (6) table
❹ (1) water (2) box (3) station

解説 **❶** (1)「あの女の子を見て。彼女は私の<u>娘</u>です。」**ア**「父」，**イ**「息子」。(2)「彼らは料理<u>クラブ</u>に入っています。」**ア**「自転車」，**ウ**「色」。(3)「私はあなたによい<u>知らせ</u>があります。」**イ**「夜」，**ウ**「人々」。
❷ (6) dinner は「夕食」。breakfast(朝食)，lunch(昼食)とセットで覚えておこう。
❹ (1) water は数えられない名詞なので，前に a がついたり，複数形になったりしない。

12 名詞(7)

❶ (1) sandwiches (2) umbrella
  (3) junior, high, school
❷ (1) イ (2) オ (3) カ (4) エ
  (5) ウ (6) ア
❸ (1) room (2) year (3) day
  (4) party (5) guitar (6) Japan
  (7) Thursday (8) ball
❹ (1) ウ (2) イ (3) ア

解説 **❶** (1) sandwiches と**複数形**にすること。
❹ (1)「私は動物がとても好きです。よく<u>動物園</u>へ行きます。」**ア**「学校」，**イ**「台所」。(2)「いいですか，みなさん。<u>教科書</u>の10ページを開きなさい。」**ア**「箱」，**ウ**「宿題」。(3)「A：何かペットを飼っていますか，リサ。　B：はい。<u>犬</u>を1匹飼っています。」**イ**「兄，弟」，**ウ**「ノート」。

13 代名詞(2)

❶ (1) me (2) you (3) her (4) it
  (5) us (6) them
❷ (1) those (2) They (3) our
  (4) Someone (5) Everyone
  (6) These (7) you

❸ (1) ア (2) イ (3) ウ (4) ア

解説 **❸** (1)「A：里香，ブラウンさんを知っていますか。 B：はい，<u>彼を</u>よく知っています。」(2)「健二には姉妹が 2 人います。<u>彼女たちの</u>名前は美穂と千佳です。」(3)「みなさん，<u>私の言うことを</u>注意して聞いてください。」(4)「マイクと私は同じクラスです。<u>私たちは</u>よい友達です。」

No. 14 動詞(2)

❶ (1) teaches (2) plays (3) run
(4) open (5) drink
❷ (1) Stand (2) Sit (3) help
(4) Use (5) Look (6) Write
❸ (1) ウ (2) ウ (3) ア (4) イ

解説 **❶** (2)〈play the ＋楽器名〉で「(楽器を)演奏する」。
❸ (1)「私の姉[妹]はカナダにいます。彼女はそこで英語を<u>勉強しています</u>。」ア「ほしい」，イ「(注意して)見る」。(2)「ケイトはたいてい土曜日に夕食を<u>料理します</u>。」ア「聞こえる」，イ「読む」。(3)「空に星が<u>見えますか</u>。」イ「持っている」，ウ「歩く」。(4)「A：日曜日には何を<u>します</u>か。 B：たいてい買い物に行きます。」ア「作る」，ウ「手に入れる」。

No. 15 形容詞・副詞(2)

❶ (1) delicious (2) favorite (3) sleepy
❷ (1) キ (2) ク (3) イ (4) ア (5) オ
(6) ウ (7) カ (8) エ
❸ (1) good (2) long (3) busy (4) here
❹ (1) please (2) too (3) fast (4) hard

解説 **❷** (3)「多数の，たくさんの」という意味で，<u>数えられる名詞の複数形</u>があとに続く。
❸ (1) nice も「よい」という意味を表す。
❹ (2) too(〜もまた)はふつう文の最後に置く。
(3) fast は「(スピードが)速く」という場合に使う。「(時刻・時間が)早く」には early を使う。

No. 16 熟語(2)・会話表現 (依頼・許可など)

❶ (1) Can [Will], you / course
(2) Can [May], I / Here, are
(3) How [What], about / Me, too
❷ (1) in (2) home (3) over
(4) bed (5) take (6) to
❸ (1) ウ (2) ウ (3) ア (4) ア

解説 **❶** (2) B はものを手渡すときの表現。
❸ (1)「私の父は毎朝 6 時30分に<u>起きます</u>。」get up で「<u>起きる</u>」。(2)「ポールは<u>たくさんの</u>T シャツを持っています。」a lot of 〜 で「<u>たくさんの〜</u>」。(3)「あなたには<u>何人の</u>兄弟がいますか。—2 人います。」How many 〜? は，数をたずねるときの表現。(4)「空を見て！ 星がきれいです。」look at 〜 で「〜を見る」。

No. 17 名詞(8)／数(1)

❶ (1) radio (2) fun (3) sweater
❷ (1) オ (2) ク (3) ア (4) エ
(5) ウ (6) カ (7) キ (8) イ
❸ (1) one (2) two (3) three
(4) four (5) five (6) six
❹ (1) ウ (2) イ (3) ア

解説 **❹** (1)「私の父はよく朝食前に<u>新聞</u>を読みます。」ア「CD」，イ「駅」。(2)「エマの大好きな<u>教科</u>は理科です。」ア「インターネット」，ウ「食べ物」。(3)「A：この部屋はとても暑いですね。<u>窓</u>を開けてください。 B：いいですよ。」イ「建物」，ウ「時間」。

No. 18 名詞(9)／数(2)

❶ (1) uniform (2) wall (3) concert
❷ (1) ク (2) オ (3) ア (4) カ
(5) エ (6) キ (7) ウ (8) イ
❸ (1) seven (2) eight (3) nine
(4) ten (5) eleven (6) twelve
❹ (1) thirteen (2) five (3) two

ANSWERS

（解説） **❶** (2) on the wall で「壁にかかった」。壁と接触していることを表す。

❷ (3)「両手」は hands。Wash your hands.（手を洗いなさい。）のように使う。

❹ (1)13〜19の数は最後が **-teen** の形になる。

No. 19　動詞(3)

❶ (1) has　(2) take　(3) begins　(4) see　(5) practice　(6) cooks　(7) meet

❷ (1) Work　(2) know　(3) Wash　(4) send　(5) have

❸ (1) ウ　(2) ア　(3) ウ　(4) イ

（解説） **❶** (1)「食べる」には have を使う。主語が3人称単数なので **has** にする。

❸ (1)「サム，私の宿題を<u>手伝って</u>ください。」ア「作る」，イ「使う」。(2)「伊藤先生はふつうバスで学校へ<u>来ます</u>。」イ「取る」，ウ「歩く」。(3)「ニックは日本語を勉強しているので，彼はとてもじょうずに漢字が<u>書けます</u>。」ア「（スポーツなどを）する」，イ「話す」。(4)「ウィルソンさんは日本食が<u>好きです</u>。」ア「住む」，ウ「見る」。

No. 20　形容詞・副詞(3)

❶ (1) thirsty　(2) often　(3) careful

❷ (1) イ　(2) オ　(3) ア　(4) エ　(5) カ　(6) ウ

❸ (1) beautiful　(2) popular　(3) hungry　(4) tall　(5) difficult　(6) easy

❹ (1) ウ　(2) イ　(3) ア　(4) イ

（解説） **❹** (1)「私は<u>ひまな</u>ときはたいてい読書をします。」ア「小さい」，イ「古い」。(2)「A：メグ，私を手伝ってくれませんか。　B：ごめんなさい。今，<u>忙しい</u>です。」ア「簡単な」，ウ「元気な」。(3)「スミスさんは<u>有名な</u>歌手です。だれもが彼を知っています。」イ「うれしい」，ウ「準備のできた」。(4)「A：コーラを1つください。B：Lサイズ[<u>大きいの</u>]ですか，それともSサイズ[<u>小さいの</u>]ですか。」ア「新しい」，ウ「よい」。

No. 21　数(3)

❶ (1) イ　(2) ア　(3) ア

❷ (1) ア　(2) カ　(3) イ　(4) エ　(5) オ　(6) ウ

❸ (1) thirty　(2) forty　(3) fifteen　(4) fifty　(5) eighteen　(6) ninety

❹ (1) seventy　(2) eighty-one　(3) two, thousand　(4) number

（解説） **❶** (1)アは「7」。(2)イは「16」。(3)イは「9」。

❸ (2) forty(40) と four(4) のつづりに注意。

❹ (2)「81」は eighty と one をハイフンでつなぐ。

No. 22　まとめテスト(2)

❶ (1) オ　(2) キ　(3) イ　(4) ア　(5) カ　(6) ウ　(7) ク　(8) エ

❷ (1) hand　(2) bird　(3) three　(4) eight　(5) open　(6) happy

❸ (1) at　(2) walk　(3) about　(4) get [wake]

❹ (1) イ　(2) イ　(3) ウ　(4) イ

（解説） **❹** (1)「ここで写真を<u>とって</u>はいけません。」ア「（スポーツなどを）する」，ウ「助ける，手伝う」。(2)「伊藤先生は私たちの理科の先生です。私たちは<u>彼女が</u>大好きです。」ア「彼を」，ウ「彼(女)らを」。(3)「私はたいてい朝食前に水を<u>飲みます</u>。」ア「料理する」，イ「洗う」。(4)「あなた（がた）は今日は<u>何時間</u>授業がありますか。」**How many 〜?** で数をたずねる文になる。ア「多量の」，ウ「よく，しばしば」。

No. 23　名詞(10)

❶ (1) イ　(2) ウ　(3) ウ

❷ (1) エ　(2) イ　(3) カ　(4) ア　(5) キ　(6) ウ　(7) オ

❸ (1) Sunday　(2) Monday　(3) Tuesday　(4) Wednesday　(5) Thursday

ANSWERS

（6）Friday　（7）Saturday
④（1）birthday　（2）people
　　（3）What, day

（解説）**①**（1）「私は空腹です。あの<u>レストラン</u>へ行きましょう。」ア「映画」，ウ「卵」。（2）「私はよく<u>電話</u>で祖父母と話します。」**talk on the telephone**で「電話で話す」。ア「手紙」，イ「ニュース」。（3）日付をたずねる文。

No. 24 名詞⑾

①（1）dream　（2）song　（3）tea
②（1）エ　（2）オ　（3）カ　（4）ク
　　（5）ア　（6）ウ　（7）イ　（8）キ
③（1）world　（2）computer　（3）tree
　　（4）child　（5）China　（6）week
④（1）イ　（2）ア　（3）イ

（解説）**④**（1）「A：ボブ，雨が降っているよ。<u>かさ</u>を持っていきなさい。　B：わかったよ。」ア「宿題」，ウ「辞書」。（2）「A：パパはどこ？　B：<u>台所</u>で料理しているよ。」イ「朝食」，ウ「夜」。（3）「私はロックコンサートの<u>チケット</u>を1枚持っています。」ア「ボール」，ウ「電話」。

No. 25 動詞⑷

①（1）Answer　（2）talk　（3）clean
　　（4）hear　（5）make
②（1）buy［get］　（2）visit　（3）drive
　　（4）carry　（5）swim　（6）leave
③（1）ウ　（2）ア　（3）イ　（4）ウ

（解説）**③**（1）「私のおじいちゃんは千葉に住んでいます。私はときどき彼に写真を<u>送ります</u>。」ア「見える」，イ「来る」。（2）「私たちの学校は8時30分に<u>始まります</u>。」イ「手に入れる」，ウ「教える」。（3）「健はサッカー部に入っています。彼は毎日，<u>熱心に</u>練習します。」ア「助ける，手伝う」，ウ「行く」。（4）「私は誕生日に新しいコンピューターが<u>ほしい</u>。」ア「（スポーツなどを）

する」，イ「立つ」。

No. 26 形容詞・副詞⑷

①（1）easy　（2）fine　（3）ready
②（1）オ　（2）カ　（3）エ　（4）ウ
　　（5）イ　（6）ア　（7）ク　（8）キ
③（1）high　（2）cold　（3）again
　　（4）next　（5）important　（6）young
④（1）only　（2）every　（3）early

（解説）**①**（2）fine には「元気な」のほかに「天気がよい」という意味もある。
②（2）「（時刻や時期が）遅い」という場合に使う。「（速度が）遅い」には slow を使う。
④（1）just でもよい。only はふつう，**修飾する語句のすぐ前**に置く。

No. 27 名詞⑿

①（1）ア　（2）ウ　（3）イ
②（1）オ　（2）ア　（3）ウ　（4）ク
　　（5）キ　（6）カ　（7）イ　（8）エ
③（1）March　（2）August　（3）September
　　（4）October　（5）November
　　（6）December
④（1）April　（2）July　（3）date

（解説）**①**（1）「ニックは2か国語［2つの<u>言語</u>］が話せます，英語と日本語です。」イ「辞書」，ウ「国」。（2）「<u>2月</u>は1月のあとに来ます。」ア「10月」，イ「水曜日」。（3）「図書館は<u>角</u>にあります。」ア「朝，午前」，ウ「本」。
④（1）（2）「〜月に」というときには in を使う。

No. 28 名詞⒀／数⑷

①（1）イ　（2）ア　（3）ア
②（1）オ　（2）カ　（3）ク　（4）キ
　　（5）エ　（6）ア　（7）イ　（8）ウ
③（1）first　（2）second　（3）third
　　（4）fifth　（5）eighth　（6）ninth

④ (1) the, fourth　(2) February, twelfth
　　(3) October, seventh

解説　❶ (1)「マイクはインドでボランティア
として働いています。」この as は「～として」
という意味。ア「板，黒板」，ウ「(時間の)分」。
(2)「晩の 7 時です。夕食の時間です。」イ「時
計」，ウ「週」。(3)「土曜日は金曜日と日曜日の間
です。」イ「月曜日」，ウ「水曜日」。
❷ (1)～(5)序数(順序を表す数)は，fourth(4 番目)
から最後が -th の形になる。

No. 29　前置詞(1)・接続詞

❶ (1) for　(2) with　(3) from
　　(4) after　(5) near
❷ (1) on　(2) by　(3) of　(4) under
　　(5) about [on / of]　(6) and
❸ (1) ウ　(2) ア　(3) イ　(4) ア
　　(5) イ　(6) ウ　(7) ア

解説　❶ (1)「私はたいてい朝食にご飯を食べ
ます。」(2)「私はときどき兄[弟]といっしょに買
い物に行きます。」(3)「私は田中絵里です。日本
の出身です。」(4)「トムは夕食のあとに宿題をし
ます。」(5)「私の家は公園の近くです。」
❸ (1)「この本は私にとってとてもおもしろい。」
(2)「私はいつも日曜日に公園へ行きます。」「～曜
日に」というときは on を使う。(3)「私たちは夏
にハワイへ行く予定です。」季節には in を使う。
(4)「ポールは窓のそばに立っています。」(5)「あ
なたはどちらがほしいですか，牛乳ですかそれと
もジュースですか。」A or B で「A それとも B」。
(6)「私は動物が好きですが，ペットは飼っていま
せん。」反対の内容をつなぐときは but を使う。
(7)「私は空腹なので，食べ物がほしいです。」

No. 30　代名詞(3)

❶ (1) yours　(2) ours　(3) mine
　　(4) his　(5) theirs
❷ (1) All　(2) hers　(3) something

(4) other　(5) Some　(6) mine
❸ (1) ア　(2) ウ　(3) ウ　(4) イ

解説　❷ (3) something はふつうの文，anything
は否定文・疑問文でふつう使う。
❸ (1)「A：この上着は好きではありません。
B：わかりました。こちらのもの(＝上着)はどう
ですか。」この one は前に出た名詞のくり返しを
さけるために使われている。イ「それ」，ウ「い
くつか」。(2)「サムのラケットは古いですが，あな
たの(もの)は新しい。」ア「あなたの」，イ「あな
たは」。(3)「ジムは犬を 2 匹飼っています。彼は
よくそれらと公園へ行きます。」前置詞のあとは目
的格を使う。ア「それらは，彼らは」，イ「それら
の，彼らの」。(4)「これは私たちの母へのプレゼ
ントです。」イ「私たちは」，ウ「私たちのもの」。

No. 31　動詞(5)

❶ (1) ask　(2) get　(3) close
　　(4) work　(5) need
❷ (1) call　(2) Say　(3) sell　(4) visit
　　(5) takes　(6) do
❸ (1) イ　(2) ア　(3) ア　(4) ウ

解説　❶ (2) get to ～ で「～に着く」。
❷ (3) sell(売る)の反対の意味の語は buy(買う)。
(5) take には「(乗り物に)乗る」の意味もある。
❸ (1)「アダムズさんはバスを運転することがで
きます。」ア「歩く」，ウ「話す」。(2)「私の母は
よく私にクッキーを作ってくれます。」イ「洗
う」，ウ「飲む」。(3)「この質問は難しいので，私
は答えられません。」イ「話す」，ウ「貸す」。(4)
「信二，立ってこのページを読みなさい。」ア「書
く」，イ「聞こえる」。

No. 32　熟語(3)・会話表現（電話・体調など）

❶ (1) ウ　(2) エ　(3) ア　(4) イ
❷ (1) エ　(2) イ　(3) ア　(4) ウ
❸ (1) For　(2) right　(3) have
　　(4) for　(5) front

❹ (1) イ　(2) イ　(3) ア

解説　**❶** (1)「やあ，元気？」などの意味で，親しい人どうしのあいさつとしても使う。(2)電話で自分の名前を名乗るときは，ふつう **This is 〜.** を使う。

❷ (1)**時刻**をたずねる表現。(2)**曜日**をたずねる表現。(3)**年齢やものの古さ**をたずねる表現。(4)**日付**をたずねる表現。

❹ (1)「この町は美しい川で有名です。」**be famous for 〜** で「**〜で有名である**」。ア「幸せな」，ウ「興味深い」。(2)「どうかしましたか。—私は気分がよくありません。」What's the matter? も「どうかしましたか。」の意味で，体調をたずねるときなどに使う。ア「今日(は)」，ウ「問題」。(3)「キムです。ティナはいますか。—私です。こんにちは，キム。」電話で「**私です。**」と答えるときは，**Speaking.** と言う。

No. 33 名詞(14)

❶ (1) trip　(2) singer　(3) food [dishes]
❷ (1) カ　(2) ウ　(3) エ　(4) イ
　　(5) ク　(6) キ　(7) オ　(8) ア
❸ (1) season　(2) message　(3) story
　　(4) sky　(5) hospital　(6) club
❹ (1) ウ　(2) イ　(3) イ

解説　**❶** (1)旅行に行く人に対して使う。
❹ (1)「スミスさんはたいてい日曜日は昼食をとるためにレストランへ行きます。」ア「皿，料理」，イ「正午」。(2)「今日はとても暑いです。上着は必要ありません。」ア「カメラ」，ウ「辞書」。(3)「3月は1年で3番目の月です。」ア「2月」，ウ「4月」。

No. 34 まとめテスト(3)

❶ (1) ウ　(2) ア　(3) エ　(4) イ
　　(5) カ　(6) ク　(7) キ　(8) オ
❷ (1) answer　(2) child　(3) sell
　　(4) hot　(5) young　(6) late

❸ (1) Wait, for　(2) talking [speaking]
　　(3) leave　(4) each, other
❹ (1) ウ　(2) ア　(3) ウ

解説　**❸** (3) leave for 〜は「〜に向けて出発する」という意味。
❹ (1)「7月は1年で7番目の月です。」ア「5月」，イ「6月」。(2)「キャシーは家にいます。彼女は自分の部屋をそうじしています。」イ「助ける，手伝う」，ウ「働く」。(3)「A：ジム，この自転車はあなたのお姉さん[妹さん]のものですか。B：はい，それは彼女のものです。」ア「私のもの」，イ「あなた(がた)のもの」。

No. 35 名詞(15)

❶ (1) peace　(2) festival
　　(3) message
❷ (1) カ　(2) オ　(3) エ　(4) イ
　　(5) ア　(6) ク　(7) ウ　(8) キ
❸ (1) summer　(2) winter　(3) snow
　　(4) face　(5) dream　(6) night
❹ (1) イ　(2) ウ　(3) イ

解説　**❶** (1) hope for 〜 で「〜を願っている」。
❷ (3) shoe は片方の「くつ」なので，1足の「くつ」なら a pair of shoes となる。(4)ふつう the をつけて使う。(8)数えるときは，a piece of paper (1枚の紙)のように表す。
❹ (1)「A：あなたは読書が好きですか，ボブ。B：はい。放課後よく図書館へ行きます。」ア「新聞」，ウ「宿題」。(2)「1時間は60分です。」ア「1日，日」，イ「年，1年」。(3)「A：スー，あなたはふつう何時に家を出ますか。　B：7時40分です。」What time 〜? で「何時に〜か」。ア「1日，日」，ウ「(暦の)月」。

No. 36 時を表す語句

❶ (1) tomorrow　(2) last week
　　(3) this morning　(4) yesterday
　　(5) every day

❷ (1) in (2) on (3) at

❸ (1) now (2) o'clock (3) today
   (4) then

❹ (1) ウ (2) イ (3) ア

解説　**❷** (1)「テッドはよく午後に彼らを訪ねます。」in the afternoon で「午後に」。(2)「私たちは月曜日に授業が 5 時間あります。」曜日には on を使う。(3)「私はたいてい11時30分に寝ます。」時刻には at を使う。

❹ (1)「私の父は 1 時間ほど<u>前</u>に夕食を作りました。」(2)「私たちはよく冬にスキーをしに行きます。」季節には in を使う。(3)「彼らは 5 月 5 日にパーティーを開きましたか。」〈on ＋日付〉で「…月～日に」。

No. 37 前置詞⑵

❶ (1) at (2) in (3) on (4) in
   (5) at (6) on

❷ (1) of (2) before (3) in (4) in
   (5) after (6) for [to]

❸ (1) ウ (2) ア (3) イ (4) ウ

解説　**❶** (1)「直美は毎朝 6 時30分に起きます。」(2)「冬にはたくさんの雪が降ります。」(3)「私たちは日曜日によく買い物に行きます。」(4)「私のおじは仙台に住んでいます。」(5)「東京駅で電車を乗りかえなさい。」(6)「私はふつう土曜日の午後にテニスをします。」

❸ (1)「あの髪の毛の長い[長い髪の毛を<u>もつ</u>]女の子を見て。」(2)「マイクは毎日 2 時<u>間</u>サッカーを練習します。」(3)「このバスは公園<u>から</u>駅まで行きます。」from *A* to *B* で「**A から B まで**」。(4)「私は夕方に福岡に着きました。」

No. 38 形容詞・副詞⑸

❶ ⑴ together ⑵ yesterday ⑶ just

❷ (1) オ (2) ウ (3) ア (4) イ
   (5) エ (6) カ

❸ (1) cloudy (2) cool (3) black

   (4) white (5) soon (6) tired
   (7) same (8) today

❹ (1) イ (2) ウ (3) ア

解説　**❶** (3) just は「ちょうど，まさに」という意味。just then で「ちょうどそのとき」。

❹ (1)「ハリス先生は私たちの英語の先生です。彼はいつも私たちに<u>親切</u>です。」be kind to ～ で「～に親切である」。ア「確信して」，ウ「ほかの」。(2)「A：こんにちは，デイビッド。<u>遅れて</u>ごめんなさい。　B：だいじょうぶだよ，リサ。行こう。」ア「自由な，ひまな」，イ「注意深い」。(3)「A：この<u>新しい</u>自転車はあなたのですか。B：いいえ，それはビルのです。私のは古いです。」イ「高い」，ウ「若い」。

No. 39 名詞⒃

❶ (1) weekend(s) (2) glasses
   (3) culture

❷ (1) キ (2) カ (3) イ (4) ウ
   (5) オ (6) エ (7) ク (8) ア

❸ (1) spring (2) fall (3) flower
   (4) eye (5) money (6) body

❹ (1) イ (2) ウ (3) ウ

解説　**❶** (2) glass は「ガラス，コップ」という意味だが，glasses と複数形にすると「**めがね**」という意味にもなる。

❷ (5)「**正午に**」は at noon という。

❹ (1)「私は毎朝，<u>顔</u>を洗います。」ア「パン」，ウ「水」。(2)「これは私の初めてのロンドン<u>旅行</u>です。」ア「話，物語」，イ「日付」。(3)「A：あなたはどの季節が好きですか。　B：私は<u>夏</u>が好きです。」ア「朝，午前」，イ「誕生日」。

No. 40 名詞⒄

❶ ⑴ wall ⑵ history ⑶ mountain

❷ (1) イ (2) ア (3) エ (4) カ
   (5) オ (6) ウ (7) ク (8) キ

❸ (1) news (2) place (3) town

ANSWERS

09

(4) parent　(5) idea　(6) country

❹ (1) ア　(2) イ　(3) ア

(解説)　❹ (1)「メグ，目を開けてこれを見なさい。」イ「頭」，ウ「体」。(2)「私はたいてい正午ごろに昼食をとります。」ア「朝，午前」，ウ「夕方，晩」。(3)「A：今週末の予定は何かありますか。　B：いいえ，ありません。なぜですか。」イ「旅行」，ウ「電車」。

No.41 形容詞・副詞(6)

❶ (1) ア　(2) イ　(3) ア

❷ (1) イ　(2) オ　(3) エ　(4) ア
　(5) カ　(6) ウ

❸ (1) together　(2) blue　(3) rainy
　(4) yellow　(5) windy　(6) ready
　(7) really　(8) yesterday

❹ (1) also　(2) too　(3) little

(解説)　❶ (1)「天気はどうですか。―くもりです。」イ「若い」，ウ「短い」。(2)「エマは毎朝，早く起きます。」ア「速く」，ウ「ただ～だけ」。(3)「私は水泳が好きです。私はよくプールへ行きます。」イ「ちょうど」，ウ「今日(は)」。
❹ (1) also はふつう一般動詞の前，be 動詞や助動詞のあとに置く。(2) too は「～もまた」のほか，形容詞や副詞を修飾して「～すぎる」という意味もある。(3) little は量を表して，「ほとんど～ない」。a little で「少し(ある)」という意味。

No.42 名詞(18)

❶ (1) place　(2) culture　(3) problem

❷ (1) エ　(2) イ　(3) オ　(4) ウ
　(5) ア　(6) ク　(7) カ　(8) キ

❸ (1) sound　(2) mountain　(3) language
　(4) river　(5) rain　(6) way

❹ (1) hours　(2) questions　(3) cold

(解説)　❶ (3) problem には，No problem. で，お礼に対して「どういたしまして。」，依頼に対して

「いいですよ。」という意味でも使う。
❸ (5)「雨が降る」という意味で，動詞の用法もある。
❹ (1) hours と複数形にすることに注意。

No.43 動詞(6)

❶ (1) cleaned　(2) carried　(3) missed
　(4) lived　(5) stopped

❷ (1) Turn　(2) leave　(3) draw [paint]
　(4) wearing　(5) lend　(6) sell

❸ (1) ア　(2) ウ　(3) ア　(4) イ

(解説)　❶ (2) carry の y を i にかえて，ed をつける。(5) stop の最後の p を重ねて，ed をつける。
❷ (2) leave for ～ なら「～に向かって出発する」。(4)現在進行形の文なので，wearing とする。
❸ (1)「私はときどき父の車を洗います。」イ「助ける，手伝う」，ウ「飲む」。(2)「私の母は馬に乗れます。」ア「好む」，イ「勉強する」。(3)「あなたは夏休みをどんなふうに過ごしますか。」イ「見せる」，ウ「眠る」。(4)「ホワイト先生，いくつか質問して[質問をたずねて]もいいですか。―いいですよ。」ask a question で「質問する」。ア「言う」，ウ「見える」。

No.44 動詞(7)

❶ (1) had　(2) got　(3) said　(4) took
　(5) went　(6) sat

❷ (1) mean　(2) Tell　(3) stay
　(4) stop

❸ (1) sleeping　(2) enjoy　(3) finished

❹ (1) イ　(2) ウ　(3) ア　(4) ウ

(解説)　❷ (2) tell は「告げる」ことで，話の内容を伝える場合に使う。(3) stay at[in] ～で「～に滞在する」という意味。
❸ (1) sleep は「眠る」ことを表し，go to bed は「寝るためにベッドに入る」ことを表す。
❹ (1)「姉[妹]と私は昨日，北海道にいました。」主語が複数で過去の文なので，were が適切。(2)

ANSWERS

「私の母は高校で働いています。彼女は歴史を教えています。」ア「書く」，イ「練習する」。(3)「私はよくジョンに電話をして，彼と長い時間話します。」イ「話す」，ウ「言う」。(4)「私の父はいつも私に『一生懸命勉強しなさい。』と言います。」ア「たずねる」，イ「聞く」。

No. 45 動詞(8)

❶ (1) did　(2) wrote　(3) made　(4) saw
　(5) came　(6) told
❷ (1) was　(2) started　(3) eat　(4) Put
❸ (1) ride　(2) think　(3) wear
❹ (1) ウ　(2) イ　(3) ウ　(4) ア

（解説）❷(1)過去進行形の文。主語が I なので，be を was にかえる。(2)過去形にする。
❹ (1)「リサはこの前の土曜日，パーティーで楽しい時を過ごしました。」have a good time で「楽しい時を過ごす」。have の過去形の had が適切。ア meet(会う)の過去形，イ go(行く)の過去形。(2)「京都は美しい都市です。多くの人々がそこを訪れます。」ア「取る」，ウ「見る」。(3)「私はこの前の日曜日にあの店でこのかばんを買いました[手に入れました]。」ア sit(すわる)の過去形，イ eat(食べる)の過去形。(4)「父は今，シドニーにいるので，彼がいなくてさびしいです。」イ「楽しむ」，ウ「(時を)過ごす」。

No. 46 前置詞(3)

❶ (1) for　(2) without　(3) during
　(4) of　(5) in
❷ (1) like　(2) across　(3) into　(4) with
　(5) along　(6) from　(7) before
❸ (1) イ　(2) ウ　(3) ア　(4) イ

（解説）❶(1)「久美は沖縄に1週間滞在しました。」「～の間」というとき，a week(1週間)など期間の長さを表す語の前には for を使う。(2)「私たちは水なしでは生きられません。」without は with の反対の意味の語。(3)「あなたは休暇の間に何をしましたか。」「～の間に」というとき，

summer vacation(夏休み)のようにある特定の期間を表す語の前には during を使う。(4)「彼らのうちの何人かはスキーができます。」(5)「夜[晩]の7時です。」
❷ (1) like は動詞で「～を好む」のほかに，前置詞で「～のような」という意味も表す。
❸ (1)「彼は夜遅くに私を訪ねてきました。」night には at を使う。(2)「私はたいてい日曜日にラジオを聞きます。」曜日には on を使う。(3)「壁の絵を見て。」on は物に接して「上に」という意味。(4)「これは有名な音楽家についての物語です。」「～について」は about。

No. 47 熟語(4)・会話表現 (注文・道案内など)

❶ (1) オ　(2) ア　(3) エ　(4) イ　(5) ウ
❷ (1) last　(2) out　(3) from
　(4) next　(5) back　(6) for
❸ (1) get / Turn　(2) Excuse / straight
　(3) would / like　(4) have / For

（解説）❶(3)値段をたずねるときの表現。(5)相手の言ったことが聞き取れなかったときに使う。
❸ (1) How can I get to ～? で「～へはどうやって行けばよいですか」。「曲がる」は turn。(2)知らない人に話しかけるときはまず，Excuse me.(すみません。)と言う。(3) I'd like ～. で「～をお願いします，～をください」。I'd は I would の短縮形。(4)食べ物を注文するときは，I'd like ～. のほか，Can I have ～? などの表現もある。

No. 48 まとめテスト(4)

❶ (1) エ　(2) ウ　(3) ク　(4) オ
　(5) ア　(6) キ　(7) イ　(8) カ
❷ (1) mean　(2) finish　(3) life
　(4) yesterday　(5) money　(6) useful
❸ (1) enjoy, vacation [holiday(s)]
　(2) ready　(3) Tell　(4) up, went
❹ (1) イ　(2) イ　(3) ア

（解説）❸(4)過去の文。go の過去形は不規則に変化して，went となる。

ANSWERS

❹ (1)「A：沖縄の今日の<u>天気</u>はどうですか。B：くもりです。」**ア**「時間」，**ウ**「言語」。(2)「学校に遅刻してはいけません，サム。」be late for ～で「～に遅れる」。(3)「私たちは3日間札幌に滞在しました。」stay in ～ で「(場所)に滞在する」。stay with ～ は「(人)の家に滞在する」。

No.49 総復習テスト(1)

❶ (1) children　(2) studies　(3) running
❷ (1) エ　(2) イ　(3) キ　(4) オ
　　(5) カ　(6) ウ　(7) ク　(8) ア
❸ (1) library　(2) Thursday　(3) baseball
　　(4) October　(5) language
　　(6) Japanese
❹ (1) day　(2) time　(3) left　(4) watch
❺ (1) sister　(2) close [shut]
　　(3) easy　(4) mine
❻ (1) took, pictures [photos]
　　(2) want, glass　(3) goes, shopping
　　(4) help, homework
❼ (1) イ　(2) ア　(3) イ　(4) ウ

解説 **❶** (1)複数形にする。(2)3人称単数現在形にする。(3)ing形にする。
❹ (1) Have a nice day. で「よい1日を」。
(2) have a good time で「楽しい時を過ごす」。
(3) left は「左，左へ」という意味だが，動詞 leave(出発する)の過去形も left。(4) watch は名詞で「腕時計」，動詞で「見る」という意味。
❺ (1)男女で対になっている。(2)(3)反対の意味。(4)代名詞の主格と所有代名詞の関係。
❼ (1)「ジャック，<u>起きて</u>！ 8時だよ！」**ア**「ためす」，**ウ**「始める」。(2)「1月は1年で<u>最初の月</u>です。」**イ**「2番目(の)」，**ウ**「3番目(の)」。(3)「A：美紀，ごめん。遅れました。 B：<u>だいじょうぶ</u>ですよ。」all right で「よろしい，だいじょうぶで」。**ア**「すてきな」，**ウ**「よい」。(4)「A：向こうに鳥が<u>見え</u>ますか。 B：はい。3羽の鳥がいます。」**ア**「聞く」，**イ**「見る」。

No.50 総復習テスト(2)

❶ (1) went　(2) saw　(3) swimming
❷ (1) エ　(2) イ　(3) キ　(4) ク
　　(5) オ　(6) ア　(7) ウ　(8) カ
❸ (1) in　(2) by　(3) to　(4) at　(5) from
❹ (1) エ　(2) イ　(3) ア　(4) ウ　(5) オ
❺ (1) like　(2) about　(3) with
❻ (1) has, lot　(2) listens, to
　　(3) visit, every　(4) Excuse, station
　　(5) play, guitar
❼ (1) イ　(2) ア　(3) ウ　(4) ウ

解説 **❶** (1)(2)過去形にする。go は went, see は saw と変化する。
❸ (1) in the kitchen で「台所で」。(2) by bus で「バスで」。(3) Welcome to ～. で「～へようこそ」。(4)時刻には at を使う。(5) from A to B で「AからBまで」。
❹ (1)「どうもありがとう。―どういたしまして。」(2)「どうしたのですか。―私は熱があります。」(3)「今日は何時間，授業がありますか。―6時間です。」(4)「このかばんはいくらですか。―5000円です。」(5)「あなたはたいてい何時に帰宅しますか。―6時くらいです。」
❺ (1) like は動詞で「好きだ」，前置詞で「～に似た，～のような」という意味。(2) about は「～について，約～，～ごろ」。How about ～? で「～(については)はどうですか」。(3) with には「～をもった」という意味もある。stay with ～ で「(人)の家に滞在する」。
❼ (1)「今日は雪が降っています。とても<u>寒い</u>です。」**ア**「暑い」，**ウ**「暖かい」。(2)「秋は私のいちばん好きな季節です。」**イ**「(暦の)月」，**ウ**「天気」。(3)「私はカナダに2人の友人がいます。<u>彼らの</u>名前はビルとアンです。」**ア**「私たちの」，**イ**「あなた(がた)の」。(4)「A：加藤さん，<u>スポーツ</u>が好きですか。 B：はい。テニスがとても好きです。」**ア**「食べ物」，**イ**「音楽」。